親鸞《しんらん》聖人《しょうにん》像《ぞう》
浄土真宗の開祖とされる親鸞の像。念仏を称えるだけで救われると説き、『歎異抄』には、その親鸞の言葉や教えの核心が書かれている。（奈良国立博物館蔵）　出典：ColBase（https://colbase.nich.go.jp/）

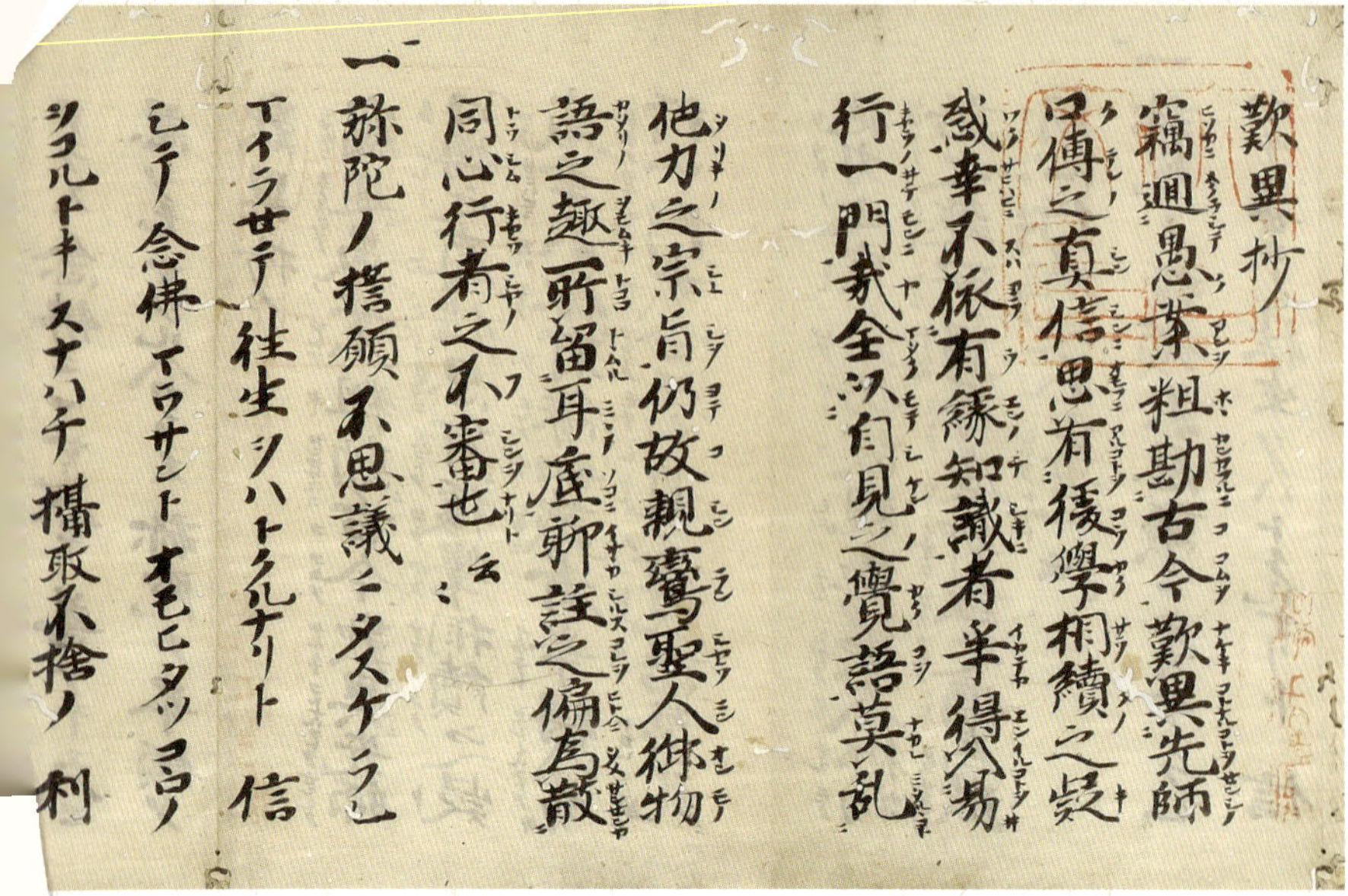

歎異抄

竊廻愚案粗勘古今歎異先師口傳之眞信思有後學相續之疑惑幸不依有緣知識者爭得入易行一門哉全以自見之覺語莫亂他力之宗旨仍故親鸞聖人御物語之趣所留耳底聊註之偏爲散同心行者之不審也云々

一 弥陀ノ誓願不思議ニタスケラレマイラセテ往生ヲハトクルナリト信シテ念仏マウサントオモヒタツコヽロノヲコルトキスナハチ摂取不捨ノ利

『信行両座《しんぎょうりょうざ》』

「信」と「行」をめぐって議論する親鸞の師・法然と、親鸞はじめ門弟たち。室内の中央が法然、左手前が親鸞。

（『親鸞聖人伝絵』より　仏光寺蔵）

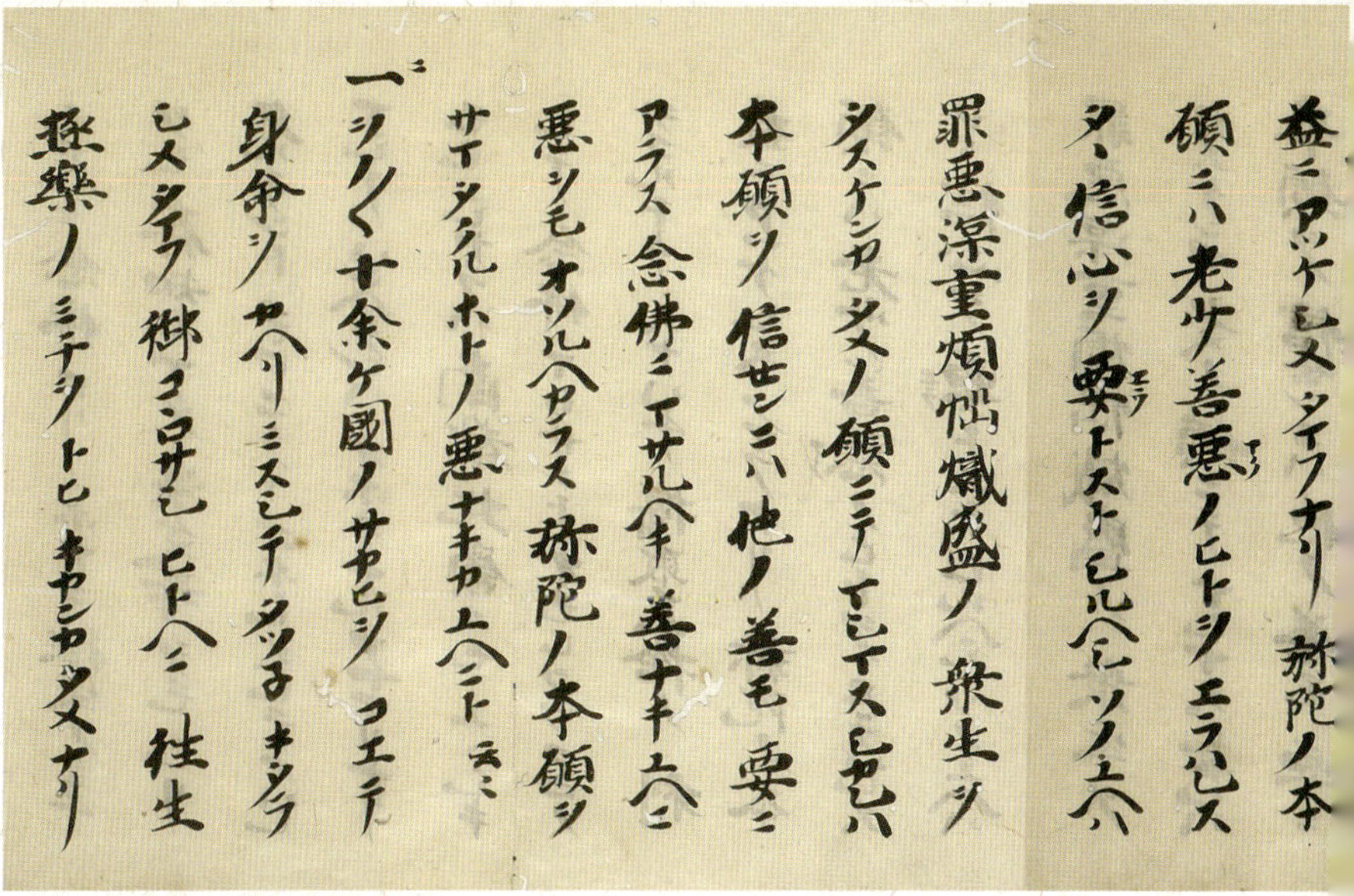
益ニアツケシメタマフナリ 弥陀ノ本
願ニハ老少善悪ノヒトヲエラハレス
タヽ信心ヲ要トストシルヘシ ソノユヘハ
罪悪深重煩悩熾盛ノ衆生ヲ
タスケンカタメノ願ニテマシマス シカレハ
本願ヲ信センニハ他ノ善モ要ニ
アラス 念佛ニマサルヘキ善ナキユヘニ
悪ヲモオソルヘカラス 弥陀ノ本願ヲ
サマタクルホトノ悪ナキカユヘニト云々
一 シノク十余ケ國ノサカヒヲコエテ
身命ヲカヘリミスシテタツネキタラ
シメタマフ御コヽロサシヒトヘニ往生
極樂ノミチヲトヒキカシメンカタメナリ

『歎異抄《たんにしょう》』永正本《えいしょうぼん》

現存する写本のなかでもっとも古い蓮如本を基礎として、室町時代（1519年）に書写されたもの。『歎異抄』の原本は残っていない。（大谷大学蔵）

頂法寺《ちょうほうじ》

堂の形から「六角堂」とも呼ばれる聖徳太子ゆかりの寺院。親鸞はここで百日間参籠し、95日目の暁に太子から夢告を受けて法然のもとに向かったと伝わる。

報仏寺《ほうぶつじ》

『歎異抄』の著者とされる唯円が開いた寺。山門と本堂の間には「しだれ桜」の大木があり、春には満開の桜花が咲き乱れる。（報仏寺提供）

念仏道場跡《ねんぶつどうじょうあと》

唯円は河和田（茨城県水戸市）の塩街道という街道沿いに念仏道場を開いたとされる。現在はその跡地に「道場池」と呼ばれる池が残り、池畔には近角常観撰文の石碑（写真中央奥）が立っている。（報仏寺提供）

蓮如《れんにょ》自筆《じひつ》の六字《ろくじ》名号《みょうごう》

「南無阿弥陀仏」を六字名号、「南無不可思議光如来」を九字名号、「帰命尽十方無碍（㝵）光如来」を十字名号という。（光専寺蔵）

『當麻曼荼羅《たいままんだら》』
極楽浄土の世界を描いたもの。ただし親鸞は、「こうした浄土は仮の姿であり、真の浄土は無為涅槃・寂滅の境地である」と考えていた。（東京国立博物館蔵）
出典：ColBase（https://colbase.nich.go.jp/）

蓮如上人像《れんにょしょうにんぞう》

本願寺第八世。生涯を布教伝道に費やし、浄土真宗を大教団へと発展させた中興の祖とされている。『歎異抄』の現存最古の写本は、この蓮如の筆によるものである。（光専寺蔵）

『山越阿弥陀図《やまごしあみだず》』

阿弥陀仏（阿弥陀如来）は浄土真宗の本尊。この阿弥陀仏について、親鸞は「本来は色や形をもたない真理であるが、誰にもわかるように仮の姿をとって救いに導いてくれる」と考えていた。

（京都国立博物館蔵）出典：ColBase（https://colbase.nich.go.jp/）

図説

ここが知りたかった!

歎異抄

加藤智見

青春出版社

はじめに

最近、親が信じられない、学校の先生も信じられないという子どもが多くなった。また友達が信じられない若者、会社が信じられない中年の人々、さらには神仏も死後の世界も信じられないという高齢者も多くなった。まるで不信《ふしん》症候群とでもいう傾向が進んでいると思える。この傾向はひきこもりや閉じこもりとも関係しているだろう。

コミュニケーションの場も増え、その媒体も飛躍的に多くなったにもかかわらず、どうしてこんなに信じることがむずかしい時代になってしまったのだろうか。

私はその原因の一つに、現代人の心の中に自己中心主義、エゴイズムがいよいよ強く深く浸透してきたことがあると思う。エゴイズムが強まれば強まるほど相手の真意をわかろうとせず、相手の思いやりにも気づけなくなる。すると信じるどころか、逆に不信感がつのり相手を攻撃し、むやみに非難する。いわれのないバッシング、ののしり、悪口雑言《あっこうぞうごん》、そしていじめもこのような状況と無縁《むえん》ではなかろう。これに負ければひきこもるほかない。

ところで、浄土真宗《じょうどしんしゅう》の開祖・親鸞《しんらん》は、信じる心というのは、阿弥陀仏《あみだぶつ》（如来《にょらい》）からいただくものだといった。この心を「如来よりたまわりたる信心《しんじん》」と表現している。どういうことかというと、信じる心は自分が作るものではなく、如来によって開かれるものだというのだ。苦しむ人を何とかして救いたいと願う如来の深い思いやりに気づき、感謝する気持ちの中に「信じる心」が芽生え、開きおこされるというのだ。信じよう信じようとするのではなく、如来の願い、思いやりに気づこうとする心構えがあってこそ、はじめて信じる心がおこってくるというのである。また親鸞は、「法然聖人《ほうねんしょうにん》にだまされ、念仏《ねんぶつ》して地獄におちることになっても、少しも後悔しません」(『歎異抄《たんにしょう》』)といい、一生法然を慕《した》い、信じ続けたが、このような心構えで法然に接していたからこそ、そのように信じ得たのである。

現代人に必要なことは、まず少しずつエゴイズムから離れ、常に相手の思いやりに耳を傾《かたむ》け、これを聴《き》きとる心構えを形成していくことではないだろうか。

『歎異抄』は親鸞の「信じる心」の本質を伝えると同時に、その信心をねじ曲げて自分のエゴイズムの道具に使おうとした異端の教え(異説)を批判した書物である。その『歎異抄』を、本書では図版や写真を交えて極力わかりやすく解説してみた。『歎異抄』は不信の蔓延《まんえん》する現代、深く考え直すきっかけを与えてくれる書である、と私は確信する。

加藤智見

図説 ここが知りたかった！ 歎異抄◆目次

第四章 『歎異抄』を読み解く 69

第五章　『歎異抄』を生きた人々　165

凡例

一、『歎異抄』の原文は、『真宗聖典』（東本願寺出版部発行）から引用した。
一、原文では各章段のはじめが一つ書きとされ、その右に章段の番号がつけられているので、これを用いて全体を十八条とした。なお冒頭の漢文の部分を序とし、十八条の後序にあたる部分を後記、流罪の記録についての部分を流罪記録としてそれぞれ独立させた。
一、現代語訳は、読者にわかりやすく、心に入りやすいようにと、です・ます調で訳した。

カバー写真提供／大谷大学、京都国立博物館、奈良国立博物館
本文写真提供／光専寺、東京国立博物館、奈良国立博物館、報仏寺、仏光寺、大谷大学、アドビストック
図版・DTP／ハッシイ

序章 『歎異抄』を読む前に

『歎異抄』を読む前に
常識をくつがえす親鸞の教え

悪人こそが救われる

現在、日本で一番読まれている宗教書はキリスト教の聖書と、仏教では『歎異抄《たんにしょう》』だといわれている。その理由のひとつとしては、『歎異抄』が一般の常識を打ち破った内容をもっていることがあげられるであろう。

常識を打ち破った何かがある――。それゆえ常識という暴力に傷《いた》めつけられ、常識に辟易《へきえき》としている人々にとって魅力の書となっているのだ。

まず『歎異抄』がどんな書物かというと、浄土真宗《じょうどしんしゅう》の聖教《しょうぎょう》のひとつである。宗祖・親鸞《しんらん》在世の頃、次第に親鸞の教えと異なる言説《げんせつ》や風潮が広まった。それを歎《なげ》いた門弟《もんてい》の唯円《ゆいえん》(異説もある)が親鸞没後、みずから聞いた親鸞の言葉や教えの核心を書きしるし、異説を批判しようとしたものである。

その『歎異抄』の中でもっとも有名かつ衝撃的な一節といえば、善人でさえ救われるのだか

親鸞聖人影像（熊皮御影）

『歎異抄』は、親鸞の教えや言葉を門弟の唯円が書きしるし、異説を批判しようとした書物である（奈良国立博物館所蔵、ColBase）

ら、悪人が救われないはずはない（「善人なおもて往生《おうじょう》をとぐ、いわんや悪人をや」）という言葉であろう。常識的には「善人が救われる」はずで、「悪人こそが救われる」などとは常識の世界では考えられない。しかし『歎異抄』には、たしかにそう書かれている。さらに別の箇所には、本当の善悪の基準など私（親鸞）にはわからない（「善悪のふたつ総じてもって存知せざるなり」）とまで記されているのである。

いったい、どういうことか。この謎を解くカギは、第四章で述べる親鸞の善悪観に隠されている。

人を千人殺しなさい

『歎異抄』が現代人に与える衝撃はこれだけにとどまらない。第十三条では、親鸞が唯円に人殺しを命じているようなところがある。

あるとき親鸞は唯円に向かって、「唯円房《ぼう》は、私のいうことを信じるか」とたずねた。「もちろん信じます」と唯円が答えると、親鸞は「では私のいうことには逆らわないね」と念を押したので、唯円は決して逆らいませんとあらためて答えた。

すると親鸞は、「ではまず人を千人殺してもらおうか。そうすれば浄土に確実に生まれられ

衝撃的な親鸞の言葉

一、善人でさえ救われるのだから、悪人が救われないはずはない
（第三条）

一、人を千人殺してもらおうか。そうすれば浄土に確実に生まれられるぞ
（第十三条）

一、私は父母のために一度も念仏をとなえたことはない
（第五条）

るぞ（「ひとを千人ころしてんや、しからば往生は一定すべし」）」といったのである。

仏教者が人殺しを命じるようなことは、あまりに常識の世界からかけ離れた行為であるが、もちろん親鸞の本意はちがう。

言葉を失ってしまった唯円に対し、親鸞はこれでわかったであろう。浄土に生まれるために千人殺せと私に言われたら、すぐにでも殺すことができるであろう。しかしながらひとりの人間すら殺せないのは、殺すべき行為を引き起こす因《いん》となる過去の行為がないからだ。「自分の心が善くて殺さないのではない」（「わがこころのよくて、ころさぬにはあらず」）と説く。

つまり善行・悪行ともに過去の行為と深く関係するというのである。たしかに戦争などの場

合を考えれば、まさにそうであろう。

こうして『歎異抄』は、常識的な善悪観を打ち破る。人を殺したことがないから、まあまあ自分は善人の部類に入るのではないかと思っている人は大きな衝撃を受けるにちがいない。

だまされて地獄におちてもかまわない

『歎異抄』には信じる心、つまり信心に関しても、常識ではうかがい知れない内容がしるされている。

親鸞が師・法然《ほうねん》に深く傾倒していたことはよく知られているが、あるとき「法然聖人《しょうにん》にだまされ、念仏《ねんぶつ》（南無阿弥陀仏《なむあみだぶつ》ととなえること）して地獄におちることになっても私は少しも後悔しません」（「法然聖人にすかされまいらせて、念仏して地獄におちたりとも、さらに後悔すべからずそうろう」）と語ったとされる。この親鸞の態度について、多くの人は「あまりに極端ではないか」とか「これほど人を信じられることがうらやましい」と評する。つまり、ここまで人を信じることは常識の世界では不可能ということであろう。

親鸞はまた、念仏が本当に浄土に生まれる原因になるのか、地獄におちる行為となるのか、この私には「まったくわかりません」（「総じてもって存知せざるなり」）と語っている。わからないのになぜ念仏を信じ、となえることができるのであろうか。常識的には、わかるから信じるのであり、信じるからこそ念仏がとなえられるのだ。ここにも常識を超えた「信じる」との意味が隠されていると考えられる。

さらに親鸞は自分の信心《しんじん》を、「如来《にょらい》よりたまわった信心」（「如来よりたまわりたる信心」）と語っている。自分で信じるのではなく、仏からいただいたものが信心だというのだ。

法然を信じ、念仏を信じ、仏を信じる親鸞の信心の根底にはどんな意味があるのか。もしかすると、このような信じ方は親が信じられない、教師が信じられない、会社が信じられないという不信の現代に、何か重要なものを与えてくれそうである。

法然聖人像

親鸞の師・法然の像。法然と出会ったことにより、親鸞は念仏の教えに開眼することになった

亡き父母のために念仏するのではない

そして最後に「私は父母の追善供養《ついぜんくよう》のために一度も念仏をとなえたことはない」（「親鸞は父母《ぶも》の孝養《きょうよう》のためとて、一返に

ても念仏もうしたること、いまだそうらわず」）という度肝《どぎも》を抜かれるような一節を紹介しよう。

親鸞は幼くして母親を亡くしていた。したがって、みずから率先して追善供養の念仏をとなえていたにちがいないと思うのが常識だが、親のために念仏をとなえたことなど一度もないと言い切っているのである。

古来、日本では死者の冥福《めいふく》を祈り念仏がとなえられてきた。死者のことを考えれば自然な気持ちであり、常識的な行為といえる。それを親鸞が否定するとは、どういうことなのであろうか。この答えも第四章で詳しく解説している。

このように『歎異抄』には常識をこえた数々の教えが説かれている。一見しただけでは、その謎は解けず、むしろ不思議が深まっていくであろう。だが教えの真相を知ったとき、これまで見えなかった深い世界が開けてくるはずである。

第一章 『歎異抄』とは何か

第一章
『歎異抄』とは何か

書名と著者

その名は何に由来し、どんな人物が書いたのか

一 書名に込められた切実な願い

『歎異抄《たんにしょう》』という書名は、この書が書かれた当時、親鸞《しんらん》の教えとは異なった多くの教えがとなえられていたことを、著者が歎《なげ》き悲しんで書きしるしたことに由来する。

この書の序文は、「今では聖人《しょうにん》がみずからの口で教えてくださった正しい信心《しんじん》とは異なった信心が説かれていることを歎かざるをえません。これでは将来、聖人の教えを受け継いでいくうえで、さまざまな誤解を生むことになるのではないかと心配になるのです」という文章で始まっている。

いっぽう、終わりにはこれからのち、「念仏《ねんぶつ》もうす人々の中に、信心の異なる人が出ないよう、泣きながら筆をとってこれを書きしるしました」と書かれている。

つまりこの書は、親鸞の言葉を正しく伝え、異説を批判し、正しい信心を守るために書かれたものであって、『歎異抄』という書名には著者の切実な願いがそのまましめされているとい

『歎異抄』の名の由来

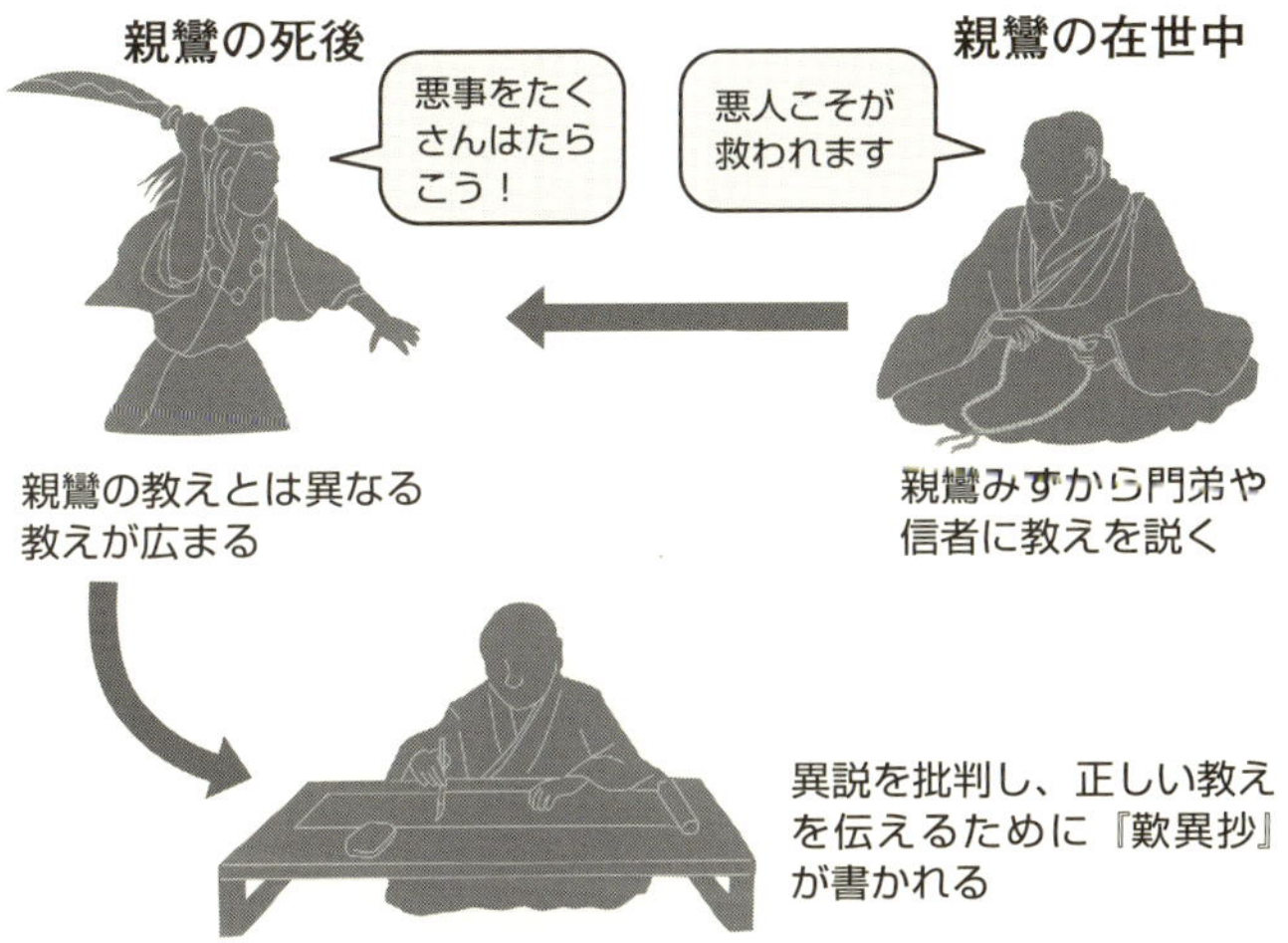
親鸞の死後
親鸞の在世中
悪事をたくさんはたらこう！
悪人こそが救われます
親鸞の教えとは異なる教えが広まる
親鸞みずから門弟や信者に教えを説く
異説を批判し、正しい教えを伝えるために『歎異抄』が書かれる

えるのである。

『歎異抄』の著者をめぐる三つの説

では、『歎異抄』の著者とは誰なのか。

この謎の多い書物の著者については、主に三つの説がある。

第一に、親鸞の長男・善鸞《ぜんらん》の子で、本願寺《ほんがんじ》第二世を継いだ如信《にょしん》（一二三五～一三〇〇）説があげられる。

しかし、如信はずっと親鸞のもとで育てられ、そのそばを離れたことがなかった。したがって、（著者である私は）はるばる関東から命がけで京都の親鸞に会いに来たと書かれている『歎異抄』の内容に合わず、如信が著者であるとは考えにくい。

第二に、親鸞の末娘・覚信尼《かくしんに》の孫にあたり、如信から教えを受け本願寺第三世を継いだ覚如《かくにょ》（一二七〇〜一三五一）ではないかという説があげられる。

覚如の著作を見ると『歎異抄』に共通する話が多いため、このような説が生まれたとしても不思議はない。

だが、覚如が誕生したのは親鸞の没後であり、直接親鸞の教えを聞いて書いたとされる『歎異抄』の著者と見るには無理があると考えられる。

第三に、親鸞の門弟・唯円《ゆいえん》を著者とする説がある。これは江戸時代後期の学僧・了祥《りょうしょう》（一七八八〜一八四二）がとなえた説である。了祥は考証にすぐれ実証的な学風を特徴とする立場から、その著者を如信、あるいは覚如とする通説に対抗した。

了祥によれば、『歎異抄』の著者は関東から来た人でなければならない。また、『歎異抄』の中で親鸞が直接「唯円房は、私のいうことを信じるか」などと語りかけている点を考えると、著者は関東から来た唯円という人物にちがいない。事実、唯円という人物は存在したと説く。

今ではこの唯円説が定説になっており、私もこれを妥当なものと考えている。

では、唯円は『歎異抄』をいつ書いたのか。

覚如の生涯を描いた『慕帰絵詞《ぼきえことば》』には、正応元《しょうおう》（一二八八）年冬の頃、唯円という人が京

『歎異抄』の著者候補

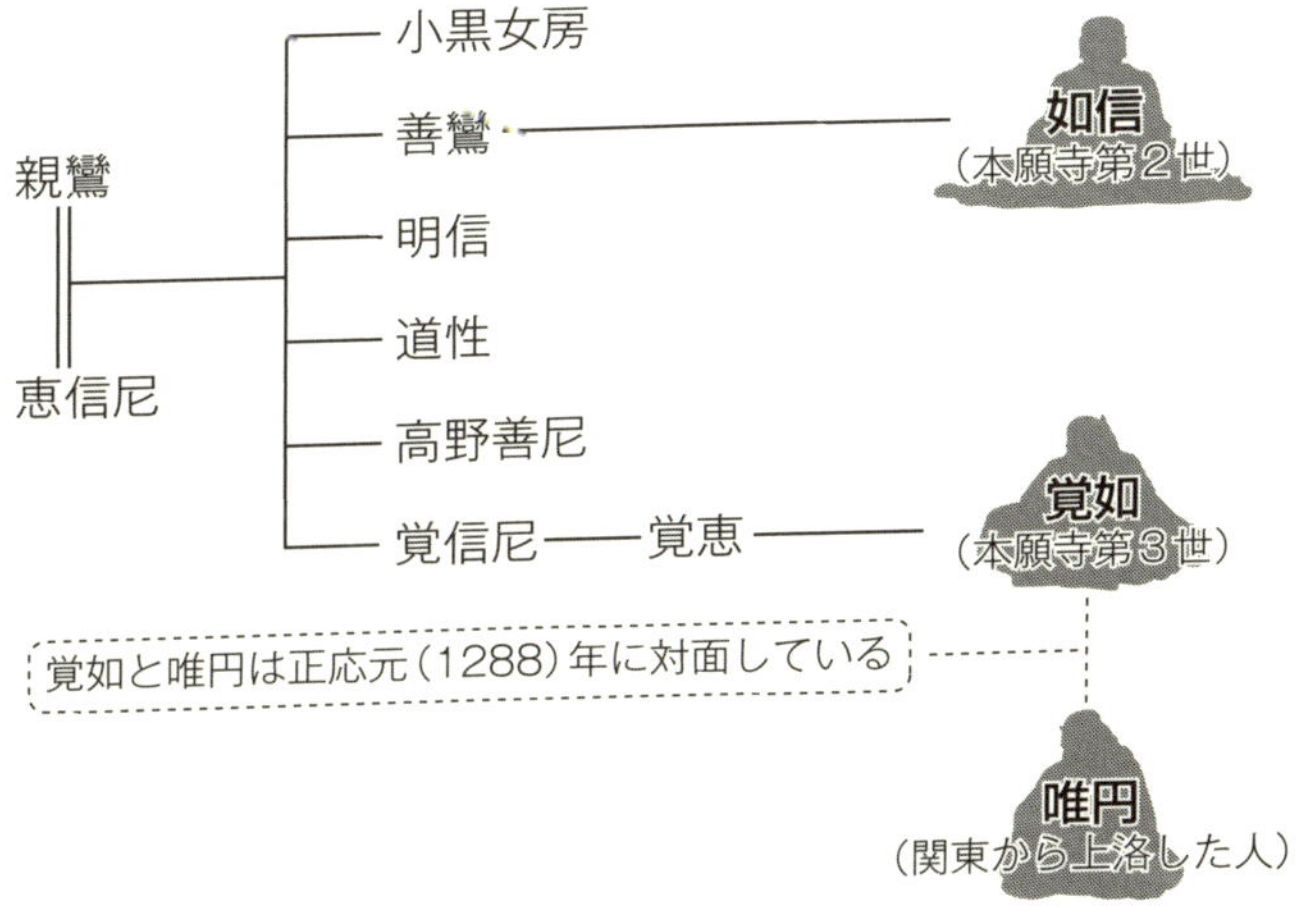

都をおとずれ、覚如と対面し、いろいろと話したと述べられている。唯円は翌二（一二八九）年に六十八歳で亡くなっているので、『歎異抄』の成立はこの頃であると推察される。

また、『歎異抄』第十八条には、はかない露《つゆ》のような命が枯れ草のような老いの身にとどまっている間に、どうしても親鸞聖人の真意を伝えておきたいと書かれている。このような記述から、彼の死の直前に書かれたと考えられる。

これらふたつの点を考え合せると、『歎異抄』はやはり正応元年の唯円上洛《じょうらく》の頃から翌年にかけて書かれたと考えるのが妥当だ。

唯円は最後の力をふりしぼって親鸞の言葉を伝え、異説への批判と対応の方法を指示するために、この書をしたためたのである。

唯円

多くの謎に包まれた親鸞の門弟

● 四人のうち誰が本当の著者か

前項で『歎異抄』の著者は唯円である可能性が高いと述べた。しかし実は、「唯円」という名前の人物は四人いた。親鸞の門弟《もんてい》の名前をしるした『親鸞聖人門侶交名牒《しんらんしょうにんもんりょきょうみょうちょう》』には、唯円という名前が四人出てくるのだ。

この四人のなかから『歎異抄』を執筆した唯円を絞りこんでいくと、常陸《ひたち》・河和田《かわだ》（茨城県水戸《みと》市）の唯円か、常陸・鳥喰《とりばみ》（茨城県那珂《なか》市）の唯円のどちらか、あるいは両者が同一人物であるかになる。しかし、いずれにしても鳥喰の唯円を著者とする資料はないため、覚如の次男・従覚《じゅうかく》が著した覚如の伝記『慕帰絵詞』に出てくる河和田の唯円が執筆者である確率が非常に高くなる。

ところが、この唯円についても正確な伝記はほとんど残っていない。一説によれば、生没年は貞応元《じょうおう》（一二二二）年頃に生まれ、正応二《しょうおう》（一二八九）年に往生《おうじょう》したとされる。

4人の唯円

親鸞の門弟・真仏の門弟で、武蔵荒木住光信の門弟・願明のさらに門弟（玄孫弟子）
鳥喰の唯円
常陸・鳥喰に住した。親鸞の関東時代の高弟24人による連署『二十四輩帳』にもその名が見られる
最有力
河和田の唯円
常陸・河和田に住した。『慕帰絵詞』『最須敬重絵詞』や報仏寺の寺伝などに登場。時代考証を加味すると、『歎異抄』の著者であった可能性がもっとも高い
親鸞の門弟・下野上町住尼法仏の門弟（孫弟子）

先にあげた『慕帰絵詞』には「かの唯円大徳《だいとく》は、鸞《らん》聖人の面授《めんじゅ》なり。鴻才《こうさい》・弁舌《べんぜつ》の名誉ありし」としるされている。鸞聖人とは親鸞のこと。面授とは重要なことを誰にでも教えるのではなく、師から門弟に直接伝授する場合にいう言葉である。そこから、唯円は親鸞に認められ大切にされた人物で、すぐれた才能をもち、是非を説き明かす能力にすぐれた人であったことがわかる。

また覚如の門弟・乗専《じょうせん》が作った覚如の伝記絵巻『最須敬重絵詞《さいしゅきょうじゅうえことば》』には、親鸞の娘・覚信尼が再婚して生んだ唯善房《ゆいぜんぼう》が「河和田の唯円大徳をもって師範とし、聖人の門葉《もんよう》と成り」と書かれている。唯善を教え、親鸞の門流の一員にしたということは、唯円が面授の門弟として親

鸞の没後も尊敬され、重要視されていたことになる。

さらに唯円が開基《かいき》となった報仏寺《ほうぶつじ》の寺伝によれば、唯円は仁治元《にんじ》（一二四〇）年、河和田榎《えの》本《もと》に念仏道場《ねんぶつどうじょう》を開いた。

当時、この道場は塩街道といわれた街道沿いにあった。現在はその跡地に池が残っており、道場池《どうじょういけ》と呼ばれ、池畔に近角常観《ちかずみじょうかん》撰文《せんぶん》の石碑がある。

唯円は近世の書物にも登場する。

江戸時代、願楽寺宗誓《がんらくじそうぜい》（一六四五～一七二八）という人が、親鸞とその門弟の遺跡と宝物《ほうもつ》について書いた『遺徳法輪集《いとくほうりんしゅう》』には、「常陸国茨城郡河和田村、報仏寺、当寺開基唯円房は、俗名平次郎《へいじろう》とて、平太郎《へいたろう》舎弟なり。聖人の御弟子となり、如信上人の御代まで給仕せり」と書かれている。

つまり唯円の俗名は平次郎で、兄の平太郎は親鸞の有力な門弟であった。その兄とともに唯円は京都に行き、親鸞のもとで教えを受け、親鸞に愛されたと考えられる。

『歎異抄』の序文に、親鸞聖人が生前直々《じきじき》に話してくださった言葉の中で、しっかりと耳の底にとどまっている言葉の一部を書きしるしておきますと述べられていることを思えば、親鸞のもとで直接教えを聞き、親鸞の語る言葉の一句一句を聞き抜いていたはずだ。

唯円 関連地図

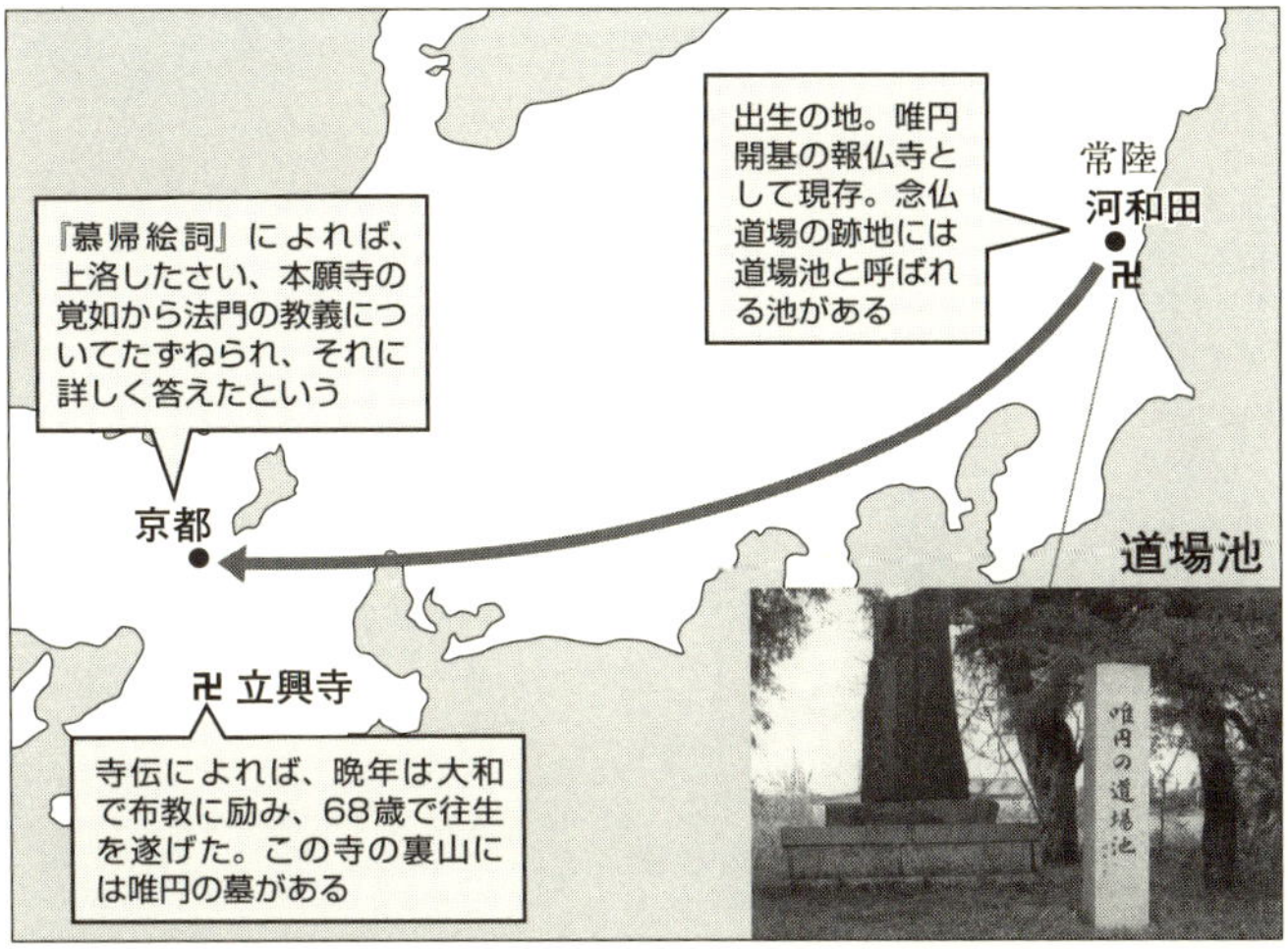
出生の地。唯円開基の報仏寺として現存。念仏道場の跡地には道場池と呼ばれる池がある
常陸
河和田
『慕帰絵詞』によれば、上洛したさい、本願寺の覚如から法門の教義についてたずねられ、それに詳しく答えたという
京都
道場池
唯円の道場池
立興寺
寺伝によれば、晩年は大和で布教に励み、68歳で往生を遂げた。この寺の裏山には唯円の墓がある

唯円の人間性

最後に唯円の人間性に触れておきたい。唯円はきわめて自省心《じせいしん》の強い人であった。

真宗学者・曽我量深《そがりょうじん》（一八七五〜一九七一）が「編者の唯円も、異なりは自分にあることを痛感していたとわたしは思う」（『歎異抄聴《たんにしょうちょう》記《き》』）と語ったように、唯円は『歎異抄』の中で他人の異説を歎いただけではない。異説が自分の心の中にもあるのではないか、と自分自身にも問いつつ書いたのである。

だからこそ読者の心に迫り、胸を打つものがあるのであろう。

ということは、読者としても、こうして自省《じせい》し続ける唯円の人間性に触れつつ、『歎異抄』を読まなければならないということになる。

構成

全十八条を成り立たせる親鸞の教えと異説への批判

『歎異抄』は大きくふたつの部分から構成されており、冒頭の漢文で書かれた序文《じょぶん》と第一条から第十条までが前半部、第十一条から第十八条までが後半部となる。

前半部は親鸞が唯円に教え諭《さと》した内容であるため「師訓篇《しくんへん》」、後半部は唯円が異説をきびしく批判した部分であるため「異義篇《いぎへん》」、あるいは「歎異篇《たんにへん》」と分類される場合が多い。十八条のあとには、後記（後序《こうじょ》）、親鸞の流罪《るざい》についての記録、蓮如《れんにょ》の奥書《おくがき》が続く。

これが『歎異抄』の構成だが、第十条については「念仏には無義《むぎ》をもって義とす。不可称不可説不可思議のゆえに」という親鸞の言葉で始まっていることから、前半部の続きであるとも考えられるし、続けて「そもそもかの御在世《ございせ》のむかし」と異説の批判が始められていることから、後半部に入るとも考えられる。

そのため、第十条は前半部に入れられたり、後半部に入れられたりしているが、本書では先の親鸞の言葉を重視し、前半部に入れることにしたい。

『歎異抄』の構成

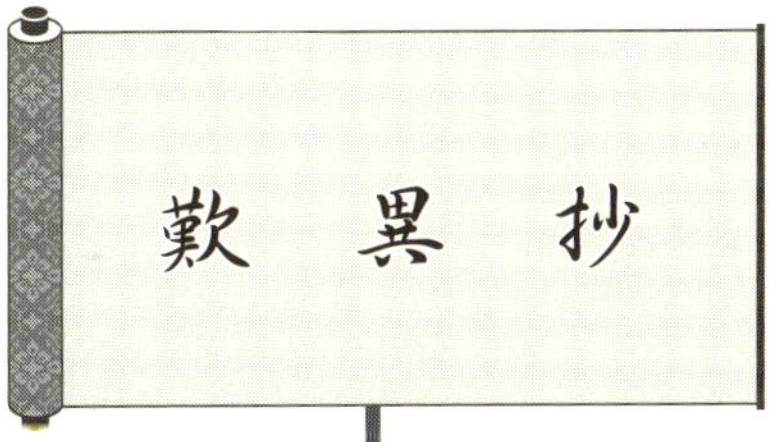

部	篇	区分	内容
前半部	師訓篇	序文	『歎異抄』を書くことになった理由や目的を、著者（唯円）が語る
前半部	師訓篇	第一条～第九条	親鸞から唯円に直接語られたとされる言葉を、唯円が記憶のままに述べていく。いわば親鸞の語録
前半部	師訓篇	第十条	親鸞の言葉を引用しながら、第十一条以降に続く言葉で締める
後半部	異義篇	第十一条～第十八条	唯円による異説批判が繰り広げられる。八つの異説をひとつずつ取りあげ、それぞれの誤りを指摘していく
後半部	異義篇	後記	親鸞が法然のもとにいた頃、弟子たちの間で交わされた信心論争について述べ、最後に『歎異抄』を著した理由をしめす。結論にあたる
後半部		流罪記録	承元の法難において、法然および親鸞らの門弟が流罪や死罪になったことについての記録
後半部		奥書	『歎異抄』をむやみに見せてはならない、と蓮如がしたためた部分

写本

現存最古とされる真宗中興の祖・蓮如の写本

著者自身による『歎異抄』の原本は現存していない。現存するもっとも古い写本は、室町時代になって「浄土真宗中興《ちゅうこう》の祖」と呼ばれる本願寺《ほんがんじ》第八世・蓮如《れんにょ》（一四一五〜一四九九）が書写したもので、西本願寺《にしほんがんじ》に所蔵されている。現在は二巻の巻子本《かんすぼん》になっているが、もともとは袋とじになっていたものを江戸時代中期に巻子本の形にしたようである。

次に古い写本は、永正《えいしょう》十六（一五一九）年に書写された端坊《はしのぼう》本（永正本、大谷《おおたに》大学蔵）。ほかにも室町時代のものが十三本、江戸時代のものが十数本、合計三十本ほどが残っている。

これらの写本は、本文については大体同じであるが、「流罪記録《るざいきろく》」があるかないかでふたつの系統に分類される。その基準にしたがって主な写本を分けた場合、流罪記録のある系統としては端坊本、毫摂寺《ごうしょうじ》本、光徳寺《こうとくじ》本、妙琳坊《みょうりんぼう》本など、流罪記録がない系統としては専精寺《せんしょうじ》本、龍谷《りゅうこく》大学本があげられる。なお、龍谷大学本系統を底本として端坊本系統で訂正された写本が大谷大学本で、この本は端坊別本などともいわれている。

端坊本（永正本）

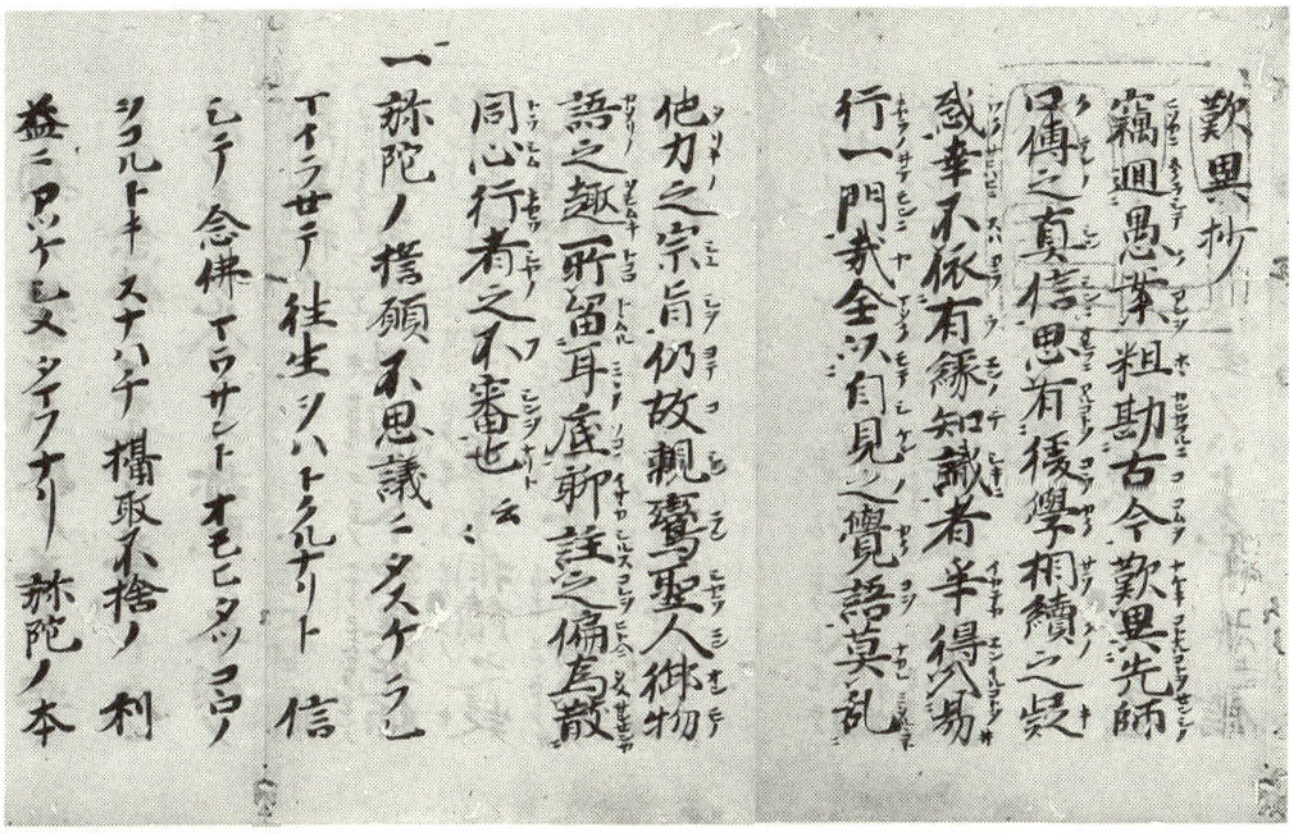

歎異抄
竊廻愚案粗勘古今歎異先師
口傳之真信思有後學相續之疑
惑幸不依有縁知識者争得入易
行一門哉全以自見之覺語莫乱
他力之宗旨仍故親鸞聖人御物
語之趣所留耳底聊注之偏為散
同心行者之不審也云々
一彌陀ノ誓願不思議ニタスケラレ
マイラセテ往生ヲハトクルナリト信
シテ念佛マフサントオモヒタツコヽロノ
オコルトキスナハチ攝取不捨ノ利
益ニアツケシメタマフナリ彌陀ノ本

現存する写本でもっとも古いのは蓮如の写本。その蓮如本を基礎として、室町時代（1519 年）に筆写されたのがこの写本である（大谷大学所蔵）

写本の系統

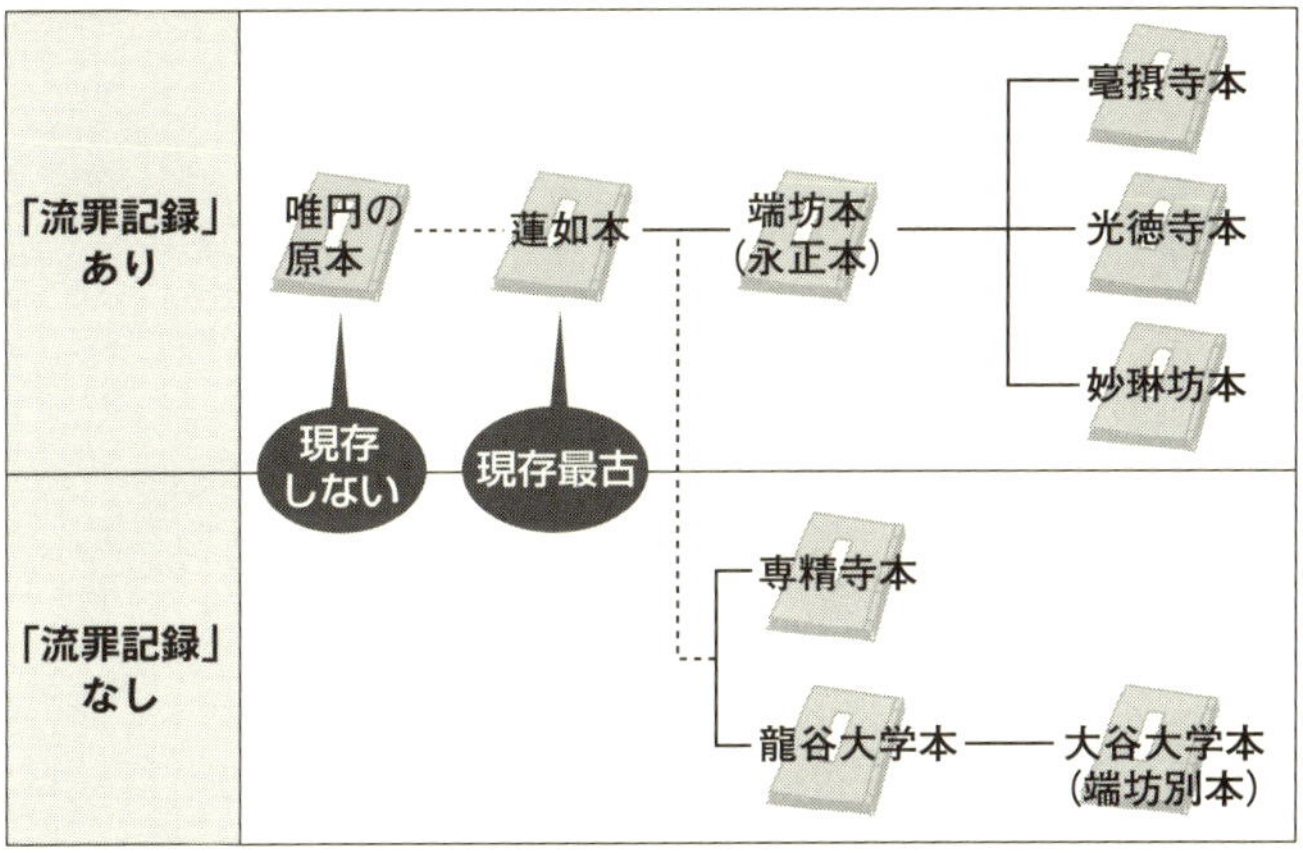

『歎異抄』の原本は現存しておらず、蓮如が書写した「蓮如本」が現存最古の写本とされている

第一章
『歎異抄』とは何か

歴史

時代を超えて日本人に読み継がれる永遠のベストセラー

『歎異抄』は〝禁書〟ではない

『歎異抄』は長い間、広く世間に公表されることはなかった。それは、室町時代に蓮如が『歎異抄』を禁書とし、蔵の中に閉じ込めてしまったからだとよくいわれ、時に非難の対象とされる場合もあった。

しかし、蓮如はこの書物を軽視していたわけではない。蓮如の書いた「御文《おふみ》」などを読むと、実に深く『歎異抄』の影響を受けていることがわかる。また先に述べたように、みずから『歎異抄』を書写してもいるのだ。

蓮如は、書写した『歎異抄』を何度も何度も読んで座右《ざゆう》の書としていた。それにもかかわらず禁書にしたなどと誤解されるのは、この写本の最後に蓮如が書いた奥書の表現のためである。

漢文で書かれた奥書を書き下し文にすれば、「右この聖教《しょうぎょう》は、当流大事の聖教となすなり。無宿善《むしゅくぜん》の機においては、左右なく、これを許すべからざるものなり」となる。

当流とは真宗《しんしゅう》のこと、無宿善の機とは真宗の教えを真剣に聞こうとする気がない者という意味で、文全体としては「この書は真宗にとって大切な聖教であるから、教えを真剣に聞く気がない者には安易に見せてはならない」といっている。

つまり、「見せてはならぬ」という部分を誇張しすぎたために、禁書であるとか、発禁本のように見なされてきたのである。

蓮如の時代には、異説をとなえ、一揆《いっき》をおこすなどして蓮如を苦しめた者たちが多かった。

蓮如上人像

浄土真宗では中興の祖とされる。生涯を布教伝道に費やし、真宗を大教団へと飛躍させた（光専寺蔵）

すでに序章で指摘したように、『歎異抄』の内容は刺激的であって、一歩間違えばとんでもない誤解を招く怖れがある。そうした誤解を防ぐため、蓮如は安易に見せることを禁じたのである。

だから実際は、室町時代以降も教団内部の真面目な人々にはよく学ばれ、書写されていた。蓮如は『歎異抄』を禁書にしていないし、発禁本にもしていない。

明治になって一躍脚光を浴びる

その後、江戸時代に入ると『歎異抄』は印刷されるようになり、注釈書も書かれるようになった。

注釈書としては深励《じんれい》の『歎異鈔講林記《たんにしょうこうりんき》』や、了祥《りょうしょう》の『歎異抄聞記《もんき》』などが代表的であるが、これらは主として教団内部で読まれていた。『歎異抄』が一般社会で脚光を浴び始めたのは、明治時代に入ってからである。

近代思想を吸収し、いかに近代に生きるかを心身を賭《と》して問うた哲学者・清沢満之《きよざわまんし》(一八六三〜一九〇三)によってその真価が見出された。

さらに近角常観《ちかずみじょうかん》、暁烏敏《あけがらすはや》、曽我量深《そがりょうじん》、金子大榮《かねこだいえい》ら真宗関係の人々、倉田百三《くらたひゃくぞう》、野間宏《のまひろし》らの作家たちによって、それぞれの立場から深い生命が汲みとられた。彼らと『歎異抄』の関係については第五章で触れる。

また第二次世界大戦に出兵した兵士の多くが、『歎異抄』を生死の境で耽読《たんどく》したこともよく知られている。

現在も静かなベストセラーとして書棚に並び続けている『歎異抄』は、時代を超えて読み継がれてきた歴史的な書物なのだ。

『歎異抄』関連年表

西暦	和暦	事項
1262	弘長2	親鸞没（90歳）
68	文永5	この頃、親鸞の妻・恵信尼没（87歳）
70	文永7	親鸞の曾孫・覚如生まれる
72	文永9	親鸞の末娘・覚信尼と東国門徒が親鸞の大谷廟堂を建立
77	建治3	覚信尼、大谷廟堂の敷地を親鸞の門徒に寄進
83	弘安6	この頃、覚信尼没（60歳）
86	弘安9	覚如、出家
88	正応元	唯円上洛、覚如に学ぶ。この頃『歎異抄』成立か
89	正応2	この頃、唯円没（68歳？）
1485	文明17	この頃、蓮如『歎異抄』を書写。奥書に「この書物はみだりに人に見せてはならない」と書いたことから、一般人に対して封印されたと誤解を招く
1842	天保13	著書『歎異抄聞記』のなかで唯円が著者であると主張した了祥没
1890	明治23	清沢満之、『歎異抄』に親しむ
1904	明治37	近角常観、『求道』を創刊。『歎異抄』を中心に布教し、学生に影響を与える
1917	大正6	倉田百三、『歎異抄』から着想を得た戯曲『出家とその弟子』を刊行

こらむ　親鸞の著作①

『教《きょう》行《ぎょう》信《しん》証《しょう》』

浄土《じょうど》思想を明らかにした親鸞の主著

『教行信証』は、親鸞が心血《しんけつ》を注いだ主著である。主に関東時代に書かれたが、死の直前まで手元に置いて手を入れていた。親鸞自身の信仰と思想を多くの経典や論書を引用しながら体系的に論じたものである。

教巻《きょうかん》・行巻《ぎょうかん》・信巻《しんかん》・証巻《しょうかん》・真仏土巻《しんぶつどかん》・化身土巻《けしんどかん》の六巻から構成されており、最初に序、信巻の前に別序、最後に後序がある。

まず最初の序には、この書が阿弥陀仏《あみだぶつ》の本願《ほんがん》によって救われた喜びから生まれたこと、教巻には真実の教えを説くのは『無量寿経《むりょうじゅきょう》』であること、行巻にはひたすら念仏《ねんぶつ》をとなえることが真実の行であることが述べられる。信巻別序は、真実の信心《しんじん》は仏の願心《がんしん》からおこるという文で始まり、信巻には真実の信心は自分の内に求めるものではなく仏の本願によっておこり、この信心は念仏とひとつにならねばならないと説かれ、証巻では、真実の行と信を得た者は浄土《じょうど》に生まれ阿弥陀仏と同じ悟《さと》りを得ることができると述べられる。真仏土巻では、浄土には真実の浄土と方便《ほうべん》の浄土があるとされ、この巻では真実の浄土、化身土巻では方便の浄土について説かれる。後序では、この著作の因縁《いんねん》が述べられ、親鸞自身の生涯についても触れられている。

第二章 『歎異抄』と親鸞

第二章
『歎異抄』と親鸞

若き日の親鸞

混乱の時代に現れた求道者

没落貴族の子として生まれる

親鸞《しんらん》は承安《じょうあん》三（一一七三）年、京都・日野《ひの》の里（京都市伏見《ふしみ》区）に誕生した。幼名は松若《まつわか》丸《まる》。父は藤原《ふじわら》貴族一門の日野有範《ひのありのり》で、皇太后宮《こうたいごうぐう》に仕え、漢籍《かんせき》などを講じる大進《だいしん》という地位にあった。母は源氏《げんじ》の流れをくむ吉光女《きっこうにょ》とされている。つまり親鸞は名門の出ということになる。

しかし当時、日野家は没落し始めていた。その理由は当時の混乱した時代と関係する。親鸞の生まれる十七年前の保元《ほうげん》元（一一五六）年、皇位継承をめぐって崇徳《すとく》上皇と後白河《ごしらかわ》天皇が対立し、上皇側が敗れた。その三年後には平治《へいじ》の乱がおこる。上皇の近臣たちの暗闘が源平の武士団の対立に結びつき、上皇の幽閉《ゆうへい》、藤原通憲《みちのり》殺害といった事件に発展。激しい戦いのすえ、源氏方が敗北した。結果、平氏《へいし》一門は栄華をきわめるが、遺恨《いこん》はますます深まり、源氏の血を引く人々が徹底的に圧迫されることになった。

この頃、親鸞が生まれたのである。先に述べたように母の吉光女は源氏の出であり、父の有

若き親鸞を取り巻く時代背景

年	出来事
1156（保元元）年	保元の乱　皇室の相続争い→武士が台頭
1159（平治元）年	平治の乱　源平の武士団が対立→平氏が繁栄
	源氏と関係の深い日野家は没落
1173（承安3）年	**親鸞誕生**
1177（治承元）年	京都の大火
1180（治承4）年	東大寺・興福寺焼失
1181（養和元）年	養和の大飢饉
1185（文治元）年	壇ノ浦の戦い
	平氏が滅び、源氏が躍進→武士社会へ

社会不安が極限にまで達する

範は平氏追討のために挙兵して宇治《うじ》で敗死した源頼政《みなもとのよりまさ》に関与していた。そのことが日野家の没落の原因となったと考えられる。

また、当時は社会不安が極限に達していた。権力者の争いで都が何度も戦場になったほか、治承《じしょう》元（一一七七）年、親鸞五歳のときには京都に大火がおこり、都の三分の一が焼失。二年続いた養和《ようわ》の大飢饉《だいききん》（一一八一〜二年）では京都だけで犠牲者が四万人を超えたといわれ、京都の街に悪臭が満ちた。人々は「世も末《すえ》か」と恐れおののくほかなかった。

有範は親鸞の行く末を案じた。もはや親鸞を宮廷に送り出すことはできないし、社会は不安で満ちている。そこで有範が考えたのは仏門《ぶつもん》に入れることであった。親鸞の学問的な才能を見抜いていた有範は、その才能を生かして苦しみにもがく人々を救うことにより、生きがいを見い出させようとしたのである。

きびしい修行のすえに見たおのれの姿

養和元（一一八一）年、九歳になった親鸞は得度《とくど》（剃髪《ていはつ》して出家《しゅっけ》する儀式）を受けるため、天台宗《てんだいしゅう》の青蓮院《しょうれんいん》をおとずれた。到着した彼は万感《ばんかん》の思いに襲われたにちがいない。父の思いとともに、前年失った母が死の床から「立派な僧になるように」と言い聞かせた言葉が思い出されたはずだからだ。

のちに天台座主《ざす》となる慈円《じえん》は、一刻も早く得度を受けたいという親鸞の熱意を受け入れ、本来なら翌日行なわれる得度の儀式を、その日の夜のうちに執行したといわれる。

こうして比叡山《ひえいざん》に入山した親鸞は範宴《はんねん》と名乗った。そして東塔《とうとう》、無動寺大乗院《むどうじだいじょういん》に入り、ひたむきな勉学ときびしい修行に打ち込む。『法華経《ほけきょう》』を学び、密教《みっきょう》を修し、止観《しかん》を実修。戒律《かいりつ》も守り、ひたすら精進《しょうじん》した。

しかし、ほぼ十年の歳月が過ぎた頃、親鸞の山内での地位が堂僧《どうそう》と決定された。がく然とし失意に襲われたことであろう。堂僧とはエリートコースの学生《がくしょう》とはちがい、常行三昧堂《じょうぎょうざんまいどう》で不《ふ》

親鸞の師・法然の教え

ただ一心にひたすら念仏しなさい。自分の力によって何かの行をする必要はなく、仏の呼び声に素直にこたえ、念仏するだけでよいのです。煩悩は消えません。それを自覚し、そのまま救われなさい

法然以前の仏教の教え

- 悟りは自分の力で得るもの
- きびしい修行に打ち込み、善行を積み上げることで救いが訪れる
- 煩悩はきびしい修行を繰り返すことで滅することができる

諱《いみな》である源空《げんくう》の「空」をとった綽空《しゃっくう》という名を法然に書き込んでもらった。

さらには法然の肖像を描かせてもらうこともできた。

法然の親鸞に対する信頼は非常に厚かったのである。

その法然を親鸞は生涯「よき人」と呼び、尊敬し続ける。よく知られているように、親鸞は『歎異抄《たんにしょう》』で「法然聖人にすかされまいらせて、念仏して地獄におちたりとも、さらに後悔すべからずそうろう」とまで言い切っている。「だまされて地獄におちてもよい」という意味だ。まさに美しき師弟愛といえるであろう。

親鸞にとって、この時期はつかの間ではあったが幸福なひと時であった。

法難の日々

流刑地・越後で送った非僧非俗の生活

法然教団への度重なる弾圧

法然のもとに集う人々が増えるにつれて、仏教界では非難がおこり始めた。法然の門弟の中から、念仏の教えを都合よく解釈して反社会的な行動をする者が出てきたからだ。

元久元（一二〇四）年、比叡山《ひえいざん》は念仏をやめさせることを決議。法然教団に布教活動を中止するように命じた。これに対し、法然は『七箇条制誡《しちかじょうせいかい》』を書き、親鸞をはじめとする一一九名の門弟に署名させたが、今度は奈良の興福寺《こうふくじ》が「興福寺奏状《そうじょう》」を作成して法然教団の過失を列挙し、念仏禁制を朝廷に訴えた。

この時点では、九条兼実《くじょうかねざね》らの貴族が法然に心を寄せていたため、教団は難をのがれた。しかしその後、新たな事件が起こる。後鳥羽《ごとば》上皇が紀州熊野《きしゅうくまの》（和歌山県熊野市）に参詣中、法然の門弟・安楽房《あんらくぼう》や住蓮房《じゅうれんぼう》が開いた念仏の集まりに、数人の上皇側近の女官が参加したのだが、その女官の中に宿泊したり、尼となった者がいたことが発覚したのである。

法然教団への弾圧（承元の法難）

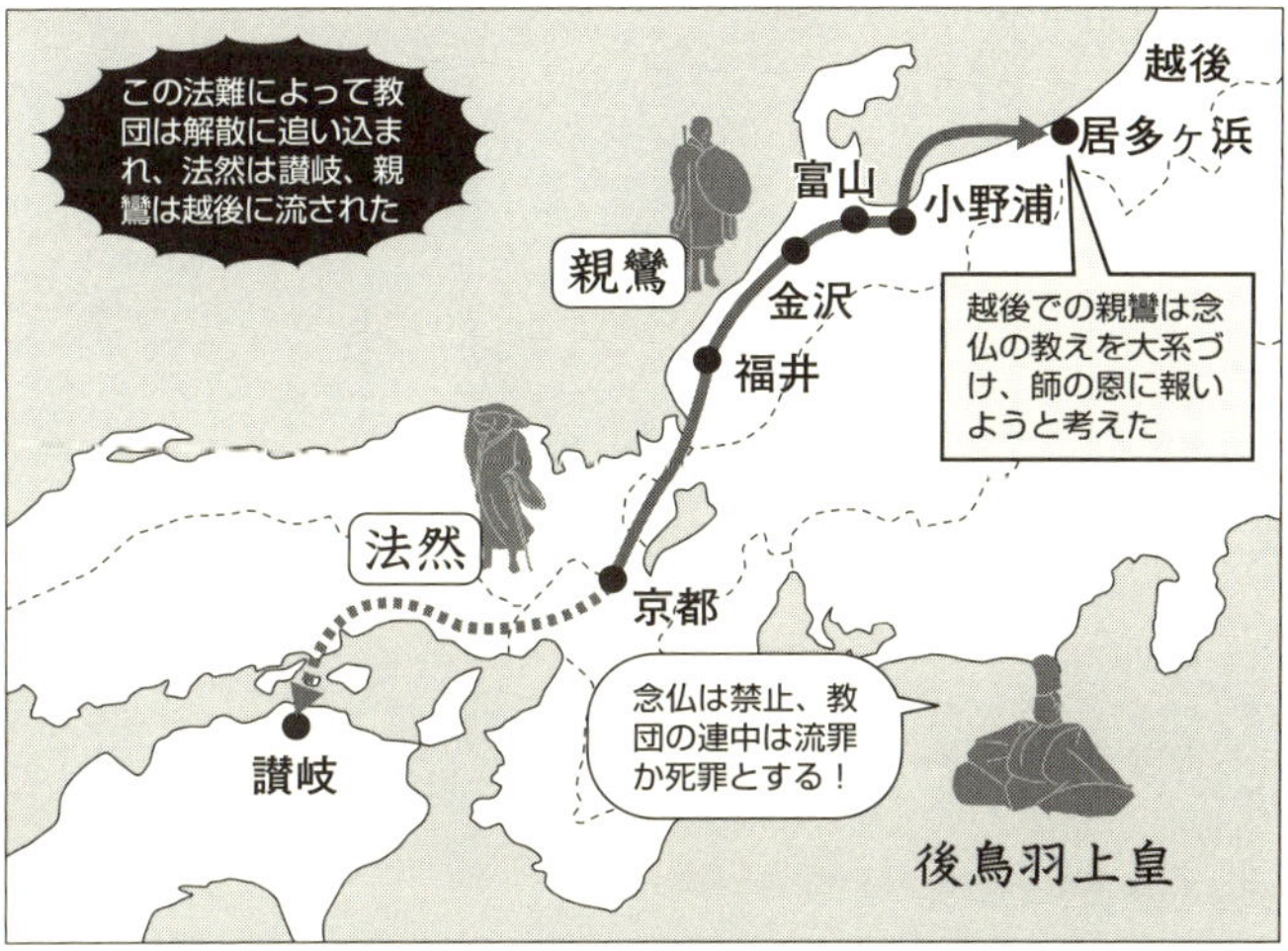

激怒した上皇は承元《じょうげん》元（一二〇七）年、専《せん》修念仏《じゅねんぶつ》を禁止した。これにより教団は解散させられ、法然は還俗《げんぞく》のうえ藤井元彦《ふじいもとひこ》の名で土佐《とさ》（高知県、のちに讃岐《さぬき》〈香川県〉に変更）に流罪《るざい》、ほかの七名も流罪となった。親鸞もこれに含まれ、藤井善信《よしざね》の名で越後国府《えちごこくふ》（新潟県上越《じょうえつ》市）に流されることとなった。

越後での親鸞は、到着後すぐに布教を始めたとする説もある。だが、親鸞は性格的にそういう人ではない。まずはきびしい流罪生活に耐えつつ、深く内省《ないせい》し、持参した経典の抜き書きや、法然の『選択本願念仏集』などを読み直していったはずである。そして次第に念仏の教えを大系づけ、師の恩に報いようと考えるに至ったと推察される。畢生《ひっせい》の大著となった『教行信《きょうぎょうしん》証《しょう》』を書こうと思い立った時期は、この頃だったと考えられる。

親鸞はまた、みずからの生きる姿勢として非僧非俗《ひそうひぞく》の態度を貫き始めた。流罪にされたり、還俗させられたり、法然からたまわった名を奪われたことを思い、「しかればすでに僧にあらず俗にあらず。このゆえに『禿《とく》』の字をもって姓《しょう》とす」と、のちに激しい調子で『教行信証』に述べている。親鸞は権力に媚《こ》びたり、念仏の教えを弾圧する僧と同じ僧であることに対して、何の魅力も感じなかったのだ。

さらに「禿」という字は僧でなくなったため頭を剃《そ》ることができず、頭髪がのびた愚《おろ》かな俗《ぞく》人《じん》という意味を表しているが、ここからは単なる俗人でなく、愚かな俗人のまま仏の本願に救いとられることこそが真の仏弟子になることだという当時の彼の信念がうかがえる。実は親鸞の結婚も、この信念と関係している。

僧侶の禁忌である結婚を実践

承元三（一二〇九）年、親鸞三十七歳の頃に恵信尼《えしんに》と結婚した。結婚に踏み切らせた要因としては、先に触れた六角堂の夢告で、結婚は決して仏道のさまたげにはならないと気づいたことや、法然が「聖であって念仏もうすことができなければ妻帯して念仏もうしなさい」と語っ

妻を娶り子をもうけた親鸞

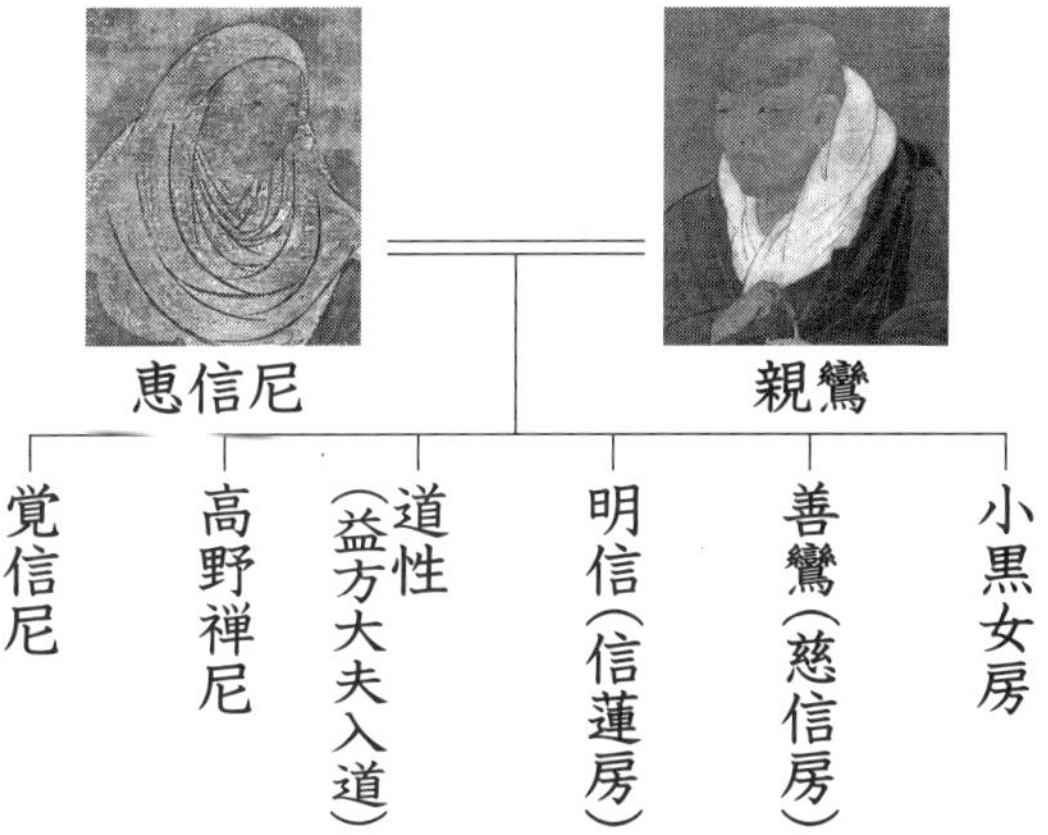

結婚の時期・場所については諸説あるが、親鸞が結婚したことはたしかである。子どももたくさんもうけた

ていたことがあげられる。これによって、自分は妻帯して念仏もうす人間になるべきだと確信したのだ。

恵信尼は越後介《えちごのすけ》（現在の新潟県副知事）の地位にあった三善為教《みよしためのり》の娘で、高い教養をもち、親鸞を最後まで支え続けた。親鸞を観音菩薩の化身《けしん》であると仰いでいた。

建暦《けんりゃく》元（一二一一）年十一月十七日、流罪を赦免《しゃめん》された法然は京都に戻った。同日付けで親鸞も赦免される。このとき法然七十九歳、親鸞三十九歳であった。

親鸞はすぐに法然と再会し、四年間で深めた信仰が法然の教えの核心に合うかどうかをたずねたかった。だがその二カ月後の翌二年一月二十五日、法然は帰らざる人となった。

関東布教と晩年

息子を勘当してまで つらぬいた信念

二十年にわたる常陸での布教活動

法然の入滅《にゅうめつ》から二年後の建保《けんぽう》二（一二一四）年、四十二歳の親鸞は関東の常陸《ひたち》に向けて越後を発《た》った。

当時五人の家族になっていた親鸞は、一家の主《あるじ》として生計を立てねばならなかったが、常陸には恵信尼の父の所領があったため、常陸に行けば何とか家族を養えた。また当地では念仏の教えが普及していなかったため、伝道の必要性があった。さらに大著『教行信証』を書きすすめるには経典や聖典を閲覧しなければならず、常陸からほど近い鹿島神宮《かしまじんぐう》にある『一切経《いっさいきょう》』が魅力的に思えた。これらの動機から、親鸞は妻・恵信尼と明信《みょうしん》、小黒女房《おぐろにょうぼう》、善鸞《ぜんらん》の三人の子どもを連れて出発したのである。

途中、上野《こうずけ》・佐貫《さぬき》（群馬県明和町）や常陸・下妻《しもつま》（茨城県下妻市）に滞在し、常陸・稲田《いなだ》（茨城県笠間市）に草庵《そうあん》を結んで、伝道と『教行信証』の執筆に徹した。その伝道の様子をしめす

親鸞が東国を訪れた理由

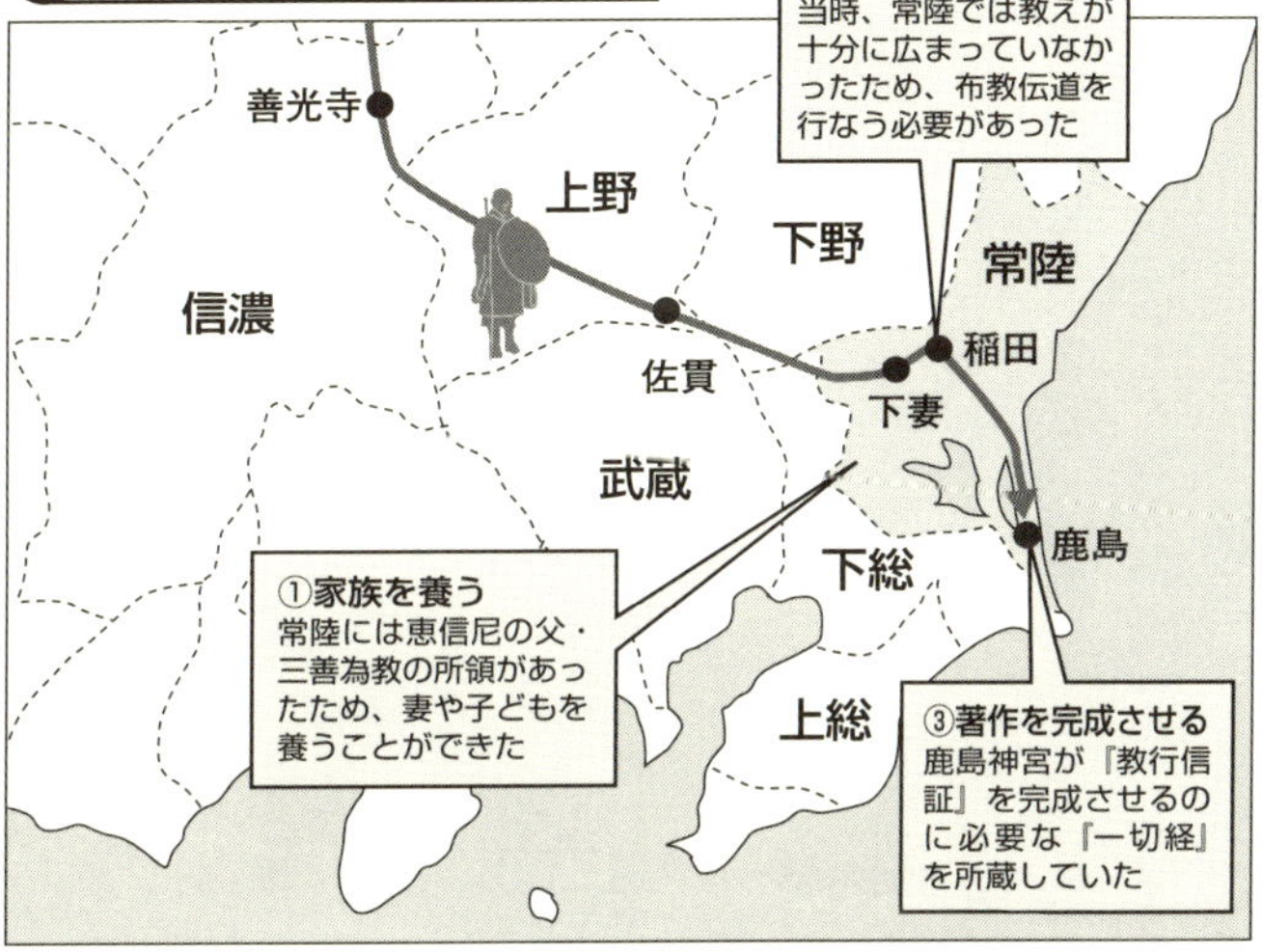
②教えを広める
当時、常陸では教えが十分に広まっていなかったため、布教伝道を行なう必要があった
善光寺
上野
下野
常陸
信濃
佐貫
稲田
下妻
武蔵
鹿島
下総
①家族を養う
常陸には恵信尼の父・三善為教の所領があったため、妻や子どもを養うことができた
上総
③著作を完成させる
鹿島神宮が『教行信証』を完成させるのに必要な『一切経』を所蔵していた

逸話《いつわ》が残っている。

当地には弁円《べんねん》という山伏《やまぶし》がいた。親鸞が念仏の教えを説き始めると自分の信者が奪われることとなったため、弁円は親鸞殺害を計画。剣をもって直接草庵に乗り込んだ。だが、親鸞は数珠《じゅず》だけをもって平然と彼を迎えた。その顔には親しみさえ込められていた。

親鸞にしてみれば、弁円は何も怖い存在ではなかった。仏がもっとも救おうとされている人間が現れたのだから当然だ。親鸞の心が通じると、弁円の殺意はすぐに消え、涙にくれた。そして弟子にして欲しいと願った。

すると親鸞は、この弁円を〝同朋《どうぼう》〟と呼んだ。〝弟子〟ではなかった。親鸞が救うのではなく、ともに阿弥陀仏に救われる身だからだ。事実、親鸞は『歎異抄』で「親鸞は弟子一人ももたずそうろう」と語っている。

こうして親鸞が地道な伝道を続けた結果、常陸を中心に下総《しもうさ》（千葉県）、下野《しもつけ》（栃木県）などに信徒《しんと》が増えていった。だが、念仏を道具にして欲望をかなえようとする異説が横行し始めたため、親鸞は次第に伝道の仕方を変えていった。念仏もうす以前に、深く仏の心を信じる信《しん》心《じん》の大切さを訴えるようになったのである。

思いもよらぬ息子の裏切り

その後、親鸞は六十二歳の頃、京都に帰ることになる。その理由について親鸞は何も語っていないが、おそらく次のような理由による。

第一に、信徒が増えて他宗派との対立や内部での争いがおこるようになった。第二に、そうした教団内部の問題をきっかけに鎌倉幕府が念仏者追放の命令を出したため、親鸞としては静かに身を引き、二十年かけて播《ま》いた信仰の種を後世に残すほうが賢明であると判断した。そして第三に、京都で豊富な文献にあたって『教行信証』を完成させることが自分の最後の使命であると考えたというものである。しかし京都では経済基盤が乏しく、やがて万策《ばんさく》尽きると、善鸞と覚信尼だけを残して他の家族は越後へ返した。恵信尼は実家の三善家で働き、親鸞に仕送

親鸞が去ったあとの東国の状況

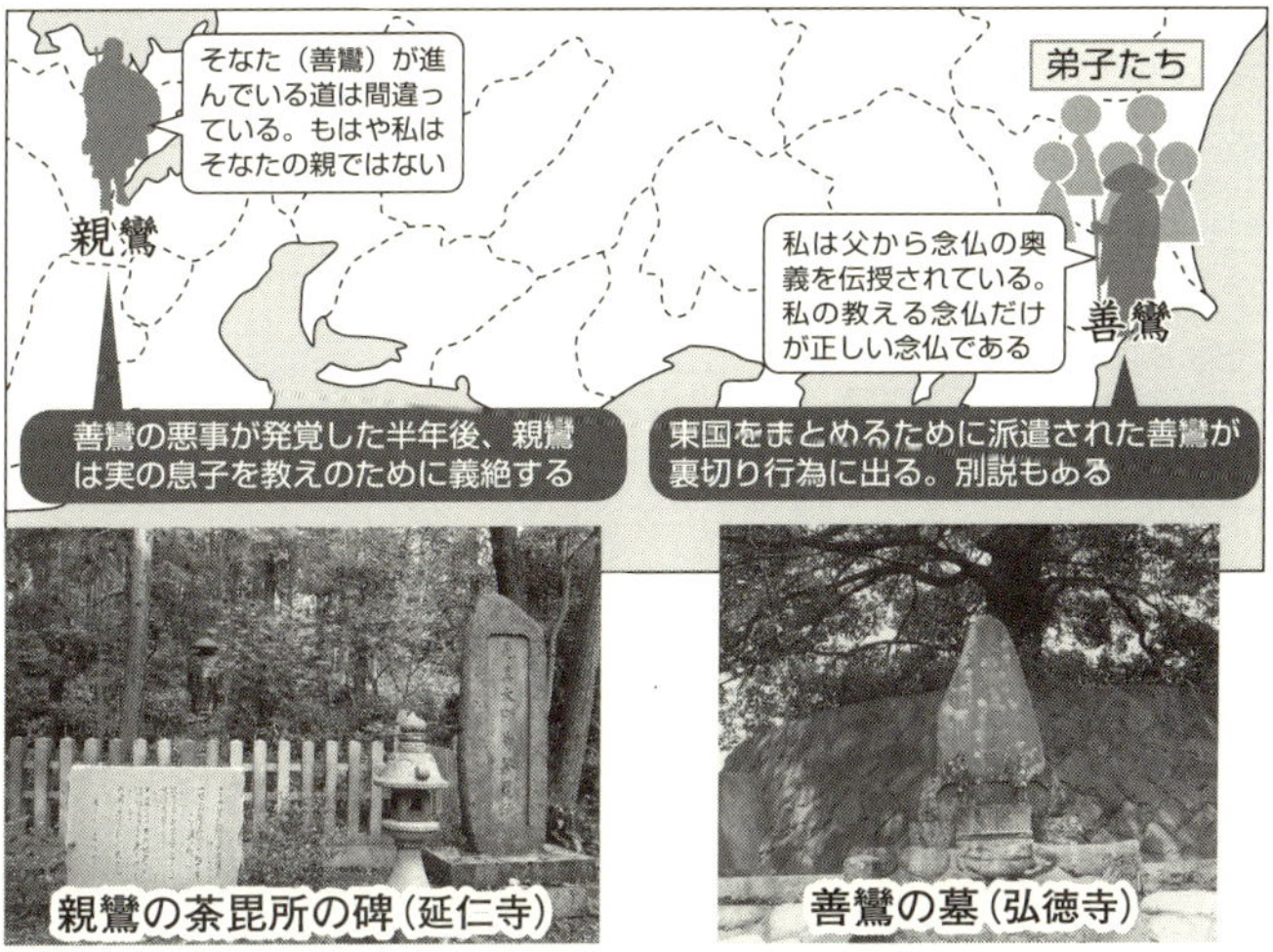

親鸞の荼毘所の碑（延仁寺）

善鸞の墓（弘徳寺）

りをし続けた。

いっぽう親鸞が去った関東では、いよいよ異説が増え、門徒《もんと》が動揺していた。『歎異抄』はこれを歎いて書かれたものである。親鸞は息子・善鸞を関東に派遣して対処しようと試みたが、やがて一部の者たちに利用されて異端者の棟《とう》梁《りょう》にまつりあげられてしまい、息子でありながらやむなく義絶《ぎぜつ》（勘当《かんどう》）することになった。親鸞八十四歳のときのことである。

それでも関東から教えを問うて来る人々に会い、手紙を書き続け、さらには最後の力を振り絞って多くの著作を残した。そして弘長《こうちょう》二（一二六二）年十一月二十八日、枕辺で仏と浄土のことだけを語り、静かに念仏をとなえつつ往《おう》生《じょう》した。九十歳であった。

親鸞 略年表

西暦	和暦	年齢	事　項
1173	承安3		皇太后大進・日野有範の長子として誕生
81	養和元	9	春、慈円のもとで得度、比叡山へ
91	建久2	19	この頃、河内・磯長の叡福寺聖徳太子廟を参拝する
1201	建仁元	29	六角堂に参籠し、聖徳太子の夢告を得たとされる。こののち法然のもとへ
4	元久元	32	法然の「七箇条制誡」に僧綽空と署名
5	元久2	33	『選択本願念仏集』の書写、法然の真影を描くことを許される
7	承元元	35	専修念仏停止。法然は四国、親鸞は越後に配流
9	承元3	37	この頃、恵信尼と結婚
11	建暦元	39	11月、流罪赦免。同月、法然入洛
12	建暦2	40	法然没（80歳）
14	建保2	42	越後を去る。佐貫で三部経千部読誦を発願、中止。やがて常陸へ
24	元仁元	52	覚信尼誕生
31	寛喜3	59	病臥したおり、佐貫での三部経千部読誦のことを恵信尼に語る
34	文暦元	62	この頃、帰洛
35	嘉禎元	63	善鸞の子・如信生まれる
48	宝治2	76	『浄土和讃』『高僧和讃』を著す
52	建長4	80	『浄土文類聚鈔』を著す
55	建長7	83	『尊号真像銘文』『愚禿鈔』を著す
56	康元元	84	5月、善鸞を義絶
57	正嘉元	85	『一念多念文意』を著す
58	正嘉2	86	『正像末和讃』を著す
62	弘長2	90	11月28日没。29日、東山鳥辺野にて荼毘にふされる

第三章 『歎異抄』のキーワード

第三章
『歎異抄』のキーワード

阿弥陀仏

真理の世界から姿を現してくださった仏

キリスト教やイスラム教の神は人間がなるものではないが、仏教の仏は人間がなるものである。だから「成仏《じょうぶつ》」という言葉があり、釈迦仏《しゃかぶつ》、薬師仏《やくしぶつ》など多くの仏が存在する。その多くの仏の中で、親鸞《しんらん》が心から帰依《きえ》し、信じたのが阿弥陀仏《あみだぶつ》（如来《にょらい》）だ。阿弥陀仏の救いは浄土三部経《じょうどさんぶきょう》といわれる『無量寿経《むりょうじゅきょう》』『観無量寿経《かんむりょうじゅきょう》』『阿弥陀経《あみだきょう》』で説かれており、『無量寿経』には次のような記述がある。

はるか昔、世自在王仏《せじざいおうぶつ》と呼ばれる仏の説法に感動したひとりの国王が、自分も仏になろうとしてみずから法蔵菩薩《ほうぞうぼさつ》と名乗った。そして人々を救済するために四十八の願《がん》、すなわち四十八の本願《ほんがん》を立て、これを成就できなければ仏にならないと決意。途方もなく長い思索のすえ、とうとう救済の方法を発見し、阿弥陀仏という仏になった。この阿弥陀仏は西方極楽浄土《さいほうごくらくじょうど》の教主として、今も人々が浄土に往生《おうじょう》するのを待っておられる――。

この一見神話的な話の奥に、親鸞は阿弥陀仏のさらなる本質を探究し、「（阿弥陀仏は）一如《いちにょ》

阿弥陀仏の姿

①国王だった人で、あるとき仏教に帰依し、法蔵菩薩と名乗った
②人々を救済するために、48の願いを立てた
③長い間思索を続け、とうとう救済の方法を発見し、ついに仏になった
④西方極楽浄土の教主となり、浄土に来る人々を待っている

よりかたちをあらわして、方便法身《ほうべんほっしん》ともうす御すがたをしめして、法蔵比丘《ほうぞうびく》となのりたまいて、不可思議《ふかしぎ》の大誓願《だいせいがん》をおこして、あらわれたまう」（『唯信鈔文意《ゆいしんしょうもんい》』）と述べた。

一如とは真理を意味する。親鸞は、この真理が自己の姿を人間に知らせ、真理の世界に人々を導こうと働いてくださっていると考えた。すなわち、真理の姿は普通の人間には見えないため、方便（仮の手段）として法蔵菩薩という人間の姿をとり、人々を救いとろうとしてくださったというわけだ。

この真理は自然科学的な真理ではなく、宇宙に生き続ける永遠の命（無量寿）、迷妄《めいもう》の闇を照らす永遠の智恵の光（無量光）である。親鸞は晩年これを「無上仏《むじょうぶつ》」と呼んだ。

第三章 『歎異抄』のキーワード

浄土

阿弥陀仏が導く極楽浄土の世界とは

浄土とは、欲望や苦しみのない、仏が住む世界をいう。仏教では多くの浄土があるが、浄土教がさかんになると、浄土といえば阿弥陀仏の西方極楽浄土をさすようになった。

しかし現代人からすれば、西のかなた十万億の仏の国の向こうに浄土があるなどとはとても信じられないであろう。たとえば、浄土は「金・銀・瑠璃《るり》・珊瑚《さんご》・琥珀《こはく》・硨磲《しゃこ》・瑪瑙《めのう》の七宝《しっぽう》でできた大地が限りなく広がっている」といった『無量寿経』の描写にしても、どこか即物的で欲望が裏返しになっているように思えてしまう。

では、この浄土はどのように解釈されるべきなのか。実は釈迦《しゃか》は、浄土ははるか遠いところにあるといいながら、たとえば『観無量寿経』のなかでは、浄土は「ここから遠くない」（去《こ》此不遠《しふおん》）ともいっている。つまり、はるか遠くにあるというのは方便にすぎない。当時の人々にわかりやすくビジュアルに訴えたのであって、真意は別にあるのだ。

この真意を見抜いたのが親鸞である。親鸞はこのビジュアルな浄土を方便の浄土、すなわち

浄土の姿

『観無量寿経』で説かれる極楽浄土の世界。このビジュアルな浄土は仮の姿で、本当の浄土は無為涅槃・寂滅の境地であると親鸞は考えた（「當麻曼荼羅図」東京国立博物館蔵、ColBase）

「方便化身土《けしんど》」と呼び、その奥にある真実の浄土を「真仏土《しんぶつど》」と呼んだ。そして真仏土は、きらびやかで欲望を満たすようなところではなく、煩悩《ぼんのう》を離れた静かな境地、すなわち無為涅槃《むいねはん》・寂滅《じゃくめつ》の境地であるとした。

もっとも、親鸞は美しい世界に生まれたいという人間の気持ちを否定しているわけではない。そうではなく、この世界を超えて、さらに真実の世界へ向かうことを願ったのだ。

美しい世界へ生まれたいという願いを昇華させることによって、遠い極楽浄土は近くなり、今ここで住む世界となる。煩悩に支配されている人間は、常に浄土に住み続けることは困難であるが、肉体から解放されるとき浄土に迎え入れられる、と親鸞は説いている。

他力

自力よりも他力のほうが大切な理由

世間には「私は他力《たりき》は嫌いです。自分で努力せず、何でも他人まかせにするからです。主体性のない生き方ですし、人生から逃げているからです。私は自力《じりき》で強く生きていきます」という人が少なくない。しかし他力は、それほどいい加減なものであろうか。

たしかに釈迦が説いた仏教は、本来は自力的な宗教であった。自己の力で善を修し、修行を積んで悟《さと》りに至りなさいという教えであった。つまり、自力的な教えであったのだ。

悟りへの修行の道はさまざまな形で定められており、親鸞も二十年にわたってそうした自力的な修行に徹した。ところが、どんなに修行しても釈迦の悟りに近づいているとは感じられなかった。『歎異抄《たんにしょう》』第三条には「いずれの行もおよびがたき身なれば、とても地獄は一定《いちじょう》すみかぞかし」、すなわち、いずれの行も完全に修めることなどできないから、地獄におちるほかないという親鸞の告白がしるされている。

しかし、そこに至って親鸞は他力に気づかされた。釈迦は『無量寿経』の中で、「阿弥陀仏

自力と他力のちがい

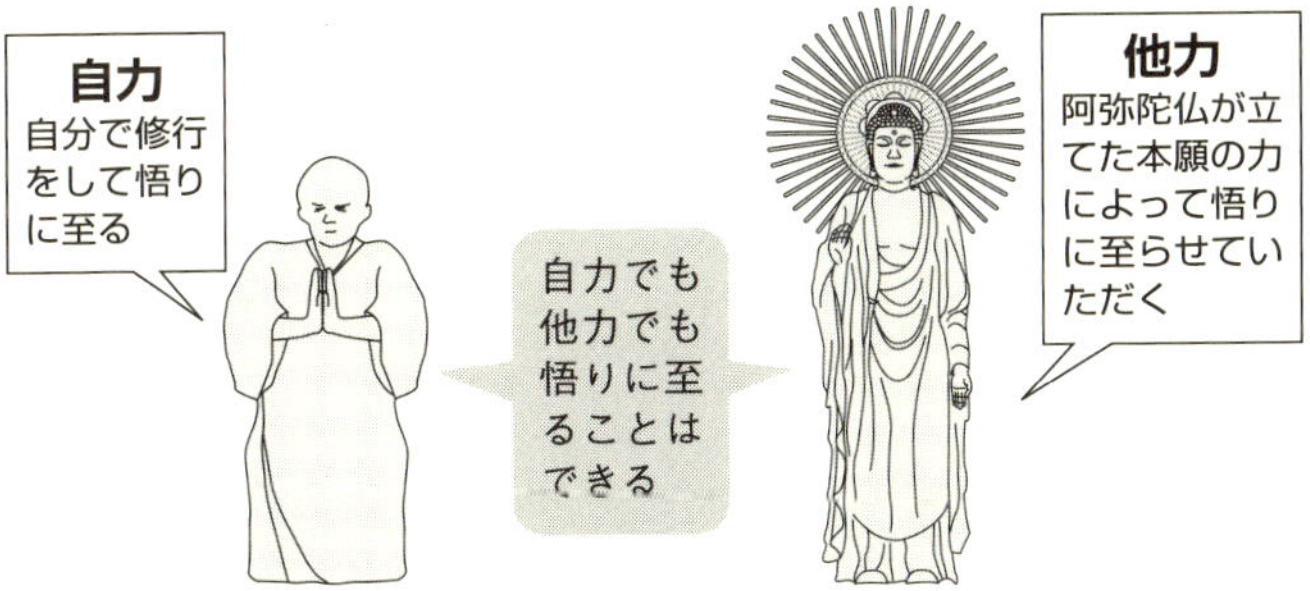

がまだ法蔵菩薩のとき、修行のできない人々を憐《あわ》れみ悲しみ、長い思惟《しゆい》ののち、この私をひたすら信じ、名前を呼ぶ（念仏《ねんぶつ》する）だけで苦悩を離れさせようと誓ってくださっていた」と説かれている。

つまり、釈迦は自力で成仏できない苦しみをすでに予測しておられ、修行の不可能な人々を救う手だてを別に用意してくださっていた。それこそが阿弥陀仏の本願にほかならないと、親鸞は気づかされたのである。

この気づきが親鸞の他力の原点となった。他力とは努力を怠ることではなく、誠実な自己凝視によって自分が救われようもない存在であることを認識し、本願の導きによって悟りを得ることなのである。

第三章 『歎異抄』のキーワード

本願

あらゆる者の救済を誓う阿弥陀仏の四十八願

前項では、他力は努力を怠ることではなく、阿弥陀仏の本願《ほんがん》の導きによって悟りを得ることだと述べた。では、本願とはどういう意味か。

本願を正確に説明すると、仏が仏になる以前の段階、つまり菩薩のときにおこす誓願《せいがん》をさす。そもそも仏教は、自分だけが悟って満足していればよいという教えではない。すべての人々を救わねば仏とはいえないのだ。そのため、「私ならこのように人々を救います」と誓い、それを成就することが必要になる。これを本願とか、誓願というのである。

薬師《やくし》仏の十二大願、普賢《ふげん》菩薩の十大願など仏教にはさまざまな願がある。その中でもっとも広く知られているのは『無量寿経』にしめされた阿弥陀仏の四十八願であろう。

文字どおり四十八の願からなるが、親鸞は第十八願が他のどの願よりも重要であると説いた。第十八願を現代語訳にすると、「もし私が仏になるとき、あらゆる世界に住んでいる人々が、心の底から私を信じ喜び、私の浄土の境地に生まれたいと願い、たった一声ないし十声の念仏

阿弥陀仏の四十八願

……

十八、ただ心から阿弥陀仏を信じて一度でも念仏すれば、どんなことがあっても救ってあげよう（念仏往生の願）

十九、菩提心をおこして浄土に生まれたいと願うのであれば、臨終のさいに迎え入れてあげよう（至心発願の願）

二十、阿弥陀仏の名号を聞いて浄土に生まれたいと願い、さまざまな徳を積んだなら浄土に迎えよう（至心回向の願）

……

をとなえるだけであっても、生まれることができないようなら、私は決して仏にはならない。ただ父を殺したり母を殺すというような五逆罪《ごぎゃくざい》をおかしたり、仏法をそしる人は除かれる」（筆者訳）となる。

要するに、ただ心から私を信じて一度でも念仏もうせば、どんなことがあっても救いあげると誓っているのだ。仏になるために修行する能力も余裕もない人々に救いの喜びと希望を与えた願であり、親鸞自身に「仏を信じ念仏するだけでよい、もはや修行する必要はない」と確信させた願でもある。

五逆罪をおかした人、仏法をそしる人は除かれるという点が問題になるが、これは救いから除外するという意味ではない。悪人を除外するようなら仏ではない。その裏には除いてしまうと叱りつつ、何としてでも救おうという願いが込められている。心から信じ念仏もうせば、そのような罪にはとらわれなくなると、この言葉に万感《ばんかん》の思いを託しているのだ。

第三章 『歎異抄』のキーワード

念仏

「南無阿弥陀仏」の真の意味

今では念仏《ねんぶつ》といえば、「南無阿弥陀仏《なむあみだぶつ》」ととなえることをさす。南無とは、仏を信じて帰依《きえ》することを意味するので、念仏は「阿弥陀仏を信じ、頼りにします」ととなえていることになる。だが実は、この言葉にはより深い意味がある。

本来、念仏はインドの言葉で、単にとなえるだけでなく、常に仏について思い、考えること、つまり仏を思念《しねん》することをいった。

しかし中国に浄土教《じょうどきょう》がおこると、口で「南無阿弥陀仏」ととなえる称名《しょうみょう》念仏が中心になった。中国浄土教の始祖とされる慧遠《ええん》が中心になって説いた念仏は、まだ心で仏を思念したり観《かん》察《ざっ》する面を残していたが、やがて曇鸞《どんらん》、道綽《どうしゃく》、善導《ぜんどう》といったすぐれた人々が教えを発展させるにつれて、称名念仏が強調されるようになり、庶民にも広く普及した。

日本の法然《ほうねん》は、善導から決定的な影響を受けた。そのため称名念仏だけを選び、それ以外の念仏を捨ててしまった。『選択本願念仏集《せんじゃくほんがんねんぶつしゅう》』に「正定《しょうじょう》の業《ごう》とは、すなわちこれ仏の名を称するなり」と述べ、称名をもっぱらにする専修《せんじゅ》念仏だけを選択したのである。

そして親鸞は、この法然の専修念仏に独自の見解を加えた。親鸞によれば、念仏は単に人間の側からとなえるものではなく、仏から与えられるものだという。

純粋な信心を持てず、純粋な念仏をとなえられないと告白する親鸞は、仏ご自身がすでにみずからの存在と働きを南無阿弥陀仏という名号《みょうごう》の中に包み込み、これをわれわれに与えてくださっているということに気づかされた。念仏とは、仏に信順《しんじゅん》する心がおこるようにと仏によって工夫され、完成された言葉であったということだ。

六字名号

蓮如自身の筆による南無阿弥陀仏の名号（光専寺蔵）

言い換えれば、念仏は人間の側のものというより、仏の願いに目覚めさせようとする仏の呼び声となる。

親鸞の念仏は、その背景に仏の願いと働きかけが込められている。それゆえ、念仏をとなえようと思い立ったときには、すでに阿弥陀仏に抱きとられ、救われているといえるのである。

第三章
『歎異抄』のキーワード

信心

仏の願いに応じて生じる心こそが本当の信心

信じることほど難しいことはない。実は親鸞も、仏を信じようとして何度も挫折している。だがその結果、次のようなことに気づいた。

自分の力だけで仏を信じることはできない。その能力は自分にはない。しかし、そのことをすでに仏ご自身が知っておいでになり、信じることも私のために用意し、与えようとなさっていた。つまり本当の信心《しんじん》は、仏のほうから開きおこしてくださる（「ひらきおこさせ給《たま》う」（『末燈鈔《まっとうしょう》』））ものであり、単に人間がおこすものではない、と。

親鸞はまた、本当の信心は仏の願いによって生まれる（「信は願より生ず」（『高僧《こうそう》和讃《わさん》』））とも述べている。つまり本当の信心とは、信じることができるようにしたいと願う仏の本願によって生じる心だと説いているのである。

さらに親鸞は、驚くべきことをいった。信心を喜ぶ人は如来と等しいと説かれている（「信心よろこぶそのひとを　如来とひとしとときたもう」（『浄土《じょうど》和讃《わさん》』））と。如来の心とひとつ

親鸞の説く信心

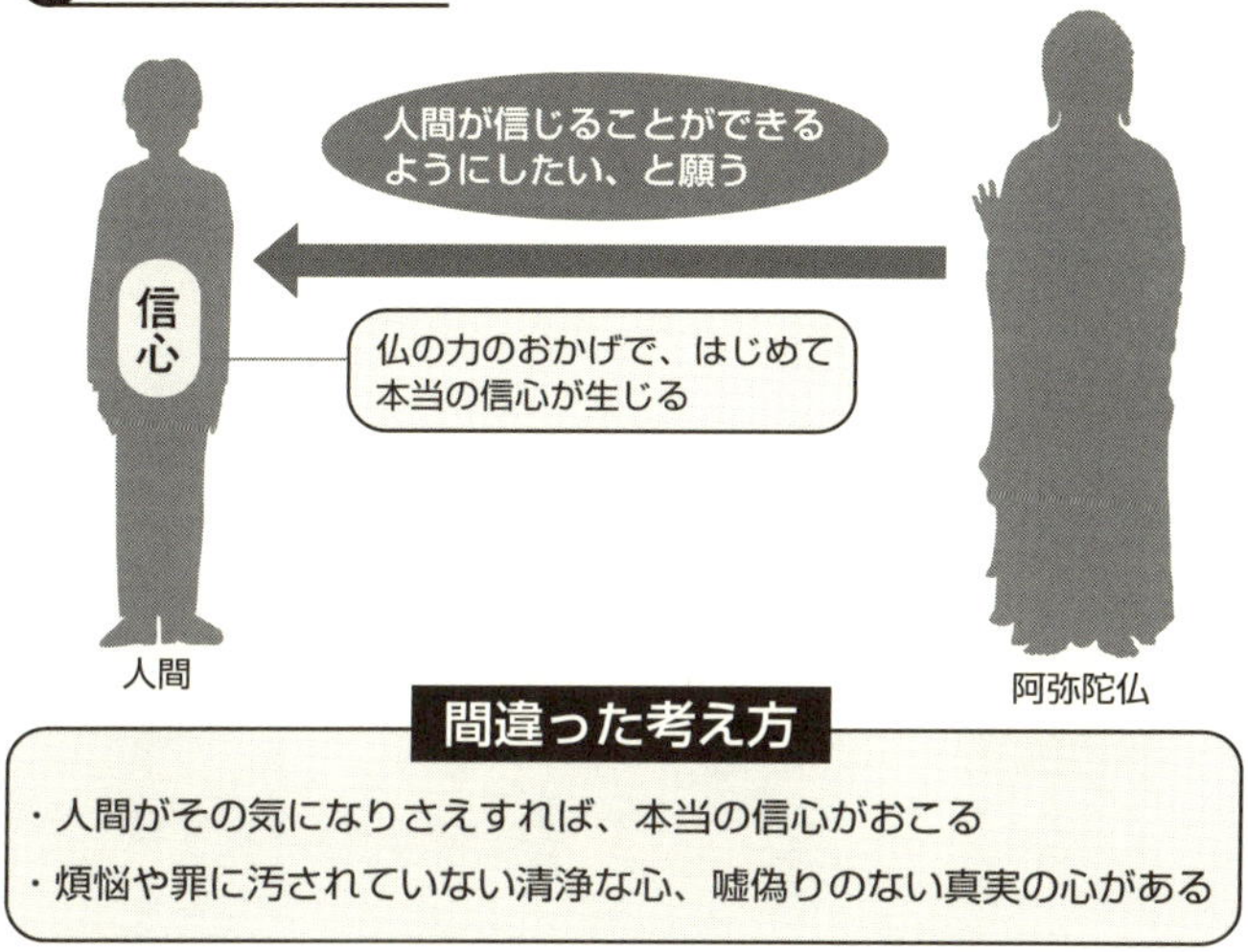
人間が信じることができる
ようにしたい、と願う
信心
仏の力のおかげで、はじめて
本当の信心が生じる
人間
阿弥陀仏
間違った考え方
・人間がその気になりさえすれば、本当の信心がおこる
・煩悩や罪に汚されていない清浄な心、嘘偽りのない真実の心がある

になり、等しい存在となるという意味だ。

しかし、この見方は一歩間違うととんでもない誤解を招くことになる。自分は如来と同じ価値があると思いあがってしまう場合があるからだ。

信心はあくまでも仏からいただくものであり、仏の力のおかげではじめて等しくしていただくのだという自覚がなければならない。煩悩と罪に汚され清浄《しょうじょう》な心などない、嘘偽りの心しかなく真実な心などまったくない（「穢悪汚染《えあくおぜん》にして清浄の心なし。虚仮諂偽《こけてんぎ》にして真実の心《しん》なし」（『教行信証《きょうぎょうしんしょう》』）と反省し、それでも仏はこんな私に信心を与えてくださっていると謙虚に自覚するときにのみ、信心は真の意味をもつことになる。

第三章
『歎異抄』のキーワード

法然

専修念仏を説き広めた親鸞の師

親鸞の妻・恵信尼《えしんに》は、親鸞が「法然聖人《ほうねんしょうにん》の行かれるところなら、たとえ悪道におちてもついて行く」と語っていたという。師を慕《した》う親鸞の思いは尋常ではなかった。では、ここまで親鸞を傾倒させた法然とは、どのような人物であったのか。

法然は長承《ちょうしょう》二（一一三三）年、美作《みまさか》（岡山県）に生まれたが、九歳のとき、押領使《おうりょうし》（地方の暴徒の鎮圧などにあたる役職）の父・漆間時国《うるまときくに》が夜襲を受け、非業《ひごう》の死をとげる。臨終《りんじゅう》の枕辺に法然を呼んだ父は、「もし仇討《あだうち》をするようなことがあれば、遺恨《いこん》は永久に続く。早く出家《しゅっけ》して私の菩提《ぼだい》をとぶらい、みずからも解脱《げだつ》を求めるように」と遺言した。

これにしたがって、法然は同年暮れ、母の弟にあたる智鏡房観覚《ちきょうぼうかんがく》の菩提寺で剃髪《ていはつ》。その後十三歳で比叡山《ひえいざん》に入り、三十年間をすごした。秀才の誉《ほま》れ高い法然は、のちに「われ聖教《しょうぎょう》を見ざる日なし」と回想するほど真剣に求道《ぐどう》に徹したが、救いは得られなかった。しかし承安《じょうあん》五（一一七五）年、四十三歳のときに念仏の教えに覚醒《かくせい》する。善導の著書『観経疏《かんぎょうしょ》』散善義《さんぜんぎ》の中の、「ただ一心に念仏をとなえればよい。それこそが仏の願いにかなうからだ」という一文に出会い、一瞬にして長い間の迷いがはれ、回心《えしん》したのである。

そしてひたすら念仏のみをとなえる専修《せんじゅ》念仏の道に入った法然は、比叡山をおりて京都東山の吉水《よしみず》を中心に布教につとめ、建久《けんきゅう》九（一一九八）年、六十六歳のときに『選択本願念仏集』を著わした。その三年後には親鸞が入門し、すぐれた弟子たちにも恵まれる。しかし、旧仏教側の勢力から激しい圧迫を受け、七十五歳のとき専修念仏は停止され四国に流された。のちに赦され、建暦《けんりゃく》元（一二一一）年に吉水に帰るが、翌年一月二十五日没する。八十歳であった。

親鸞は、この法然の教えのままに生き抜いた。親鸞の教団はのちに浄土真宗《じょうどしんしゅう》と呼ばれるようになったが、彼自身には新たな教団をおこそうという意識はなく、法然の教えをみずからの目を通して人々に伝えていただけであった。

法然の生涯

年	事　項
1133	美作・久米で誕生
1141	観覚の弟子になる
1145	比叡山に入る
1175	専修念仏に帰す
1198	『選択本願念仏集』を著わす
1201	親鸞が入門
1207	承元の法難で流罪
1211	京都に帰る
1212	入滅

こらむ　親鸞の著作②

『三帖和讃《さんじょうわさん》』

親鸞が晩年に詠んだ七五調の和語詩

『三帖和讃』は、親鸞の作った『浄土《じょうど》和讃』『高僧《こうそう》和讃』『正《しょう》像末《ぞうまつ》和讃』を総称したものである。和讃とは仮名交じり文で書かれた讃歌のことで、親鸞は七五調による四行を基本形にしてこれらを作った。

しかし親鸞の和讃は平安中期以来、主として浄土教で作られてきたような優美なものとは異なり、内面を吐露《とろ》するものが多かった。

『浄土和讃』と『高僧和讃』は親鸞七十六歳のときに書きあげられた。前者は阿弥陀仏《あみだぶつ》とその浄土を讃えるもので、一一八首からなる。後者は親鸞が尊敬した七高僧を讃えるもので、一一七首からなる。この両和讃は『教《きょう》行信証《ぎょうしんしょう》』行巻の「正信偈《しょうしんげ》」を和文でわかりやすく表現したものでもある。

十年後の八十六歳のとき『正像末和讃』が書きあげられるが、この十年間には善鸞《ぜんらん》の義絶《ぎぜつ》、異端《いたん》の横行、念仏停止などの事件がおき、内面的な性格の和讃に、さらなる悲しみと陰影、そして凄味のようなものが加えられた。このような事件は末法《まっぽう》の世のわざだという親鸞の認識がそうさせたのだろう。と同時に、この和讃の中には、そのような自分たちであるからこそ救われるのだという深い喜びも歌い込まれているといえる。

第四章

『歎異抄』を読み解く

第四章 『歎異抄』を読み解く

序

親鸞聖人のお言葉を書きしるし疑問をなくします

[現代語訳]

ひそかに、つたない考えをめぐらし、親鸞聖人《しんらんしょうにん》のおいでになった頃と今とをくらべてみますと、今では聖人がみずからの口で教えてくださった正しい信心《しんじん》とは異なった信心が説かれていることを歎《なげ》かざるをえません。これでは将来、聖人の教えを受け継いでいくうえで、さまざまな誤解を生むことになるのではないかと心配になるのです。

さいわいにも縁あって、まことの教えをしめしてくださる方に出会う、ということがないとしたら、ただ阿弥陀《あみだ》さまを信じ念仏《ねんぶつ》もうすだけでよいというやさしい易行《いぎょう》の門に、どうして入ることができましょうか。

自分勝手な理解によって、他力《たりき》の教えを乱すようなことは絶対にしてはなりません。そこで私は、今は亡き聖人が生前語ってくださったことの中で、今でもしっかりと耳の底にとどまっている教えの一部を書きしるすことにします。ただただともに念仏の教えに生きようとする

人々の疑問をなくすためなのです。

［解説］

『歎異抄《たんにしょう》』のプロローグとなる序《じょ》は、著者である唯円《ゆいえん》が親鸞を失った東国《とうごく》（関東）の念仏者《ねんぶつしゃ》の間で親鸞の教えとはかけ離れた異説が多く発生したことを歎き、その事態を収拾するために教えの原点に立ち返る決意を表明したものである。

異説がおこった原因のひとつは、親鸞の他力念仏の教えが易行道、つまりやさしい教えにもとづいていることにあった。

「念仏のほかに何もする必要はない」という教えは誰でも近づきやすいが、それゆえに誤解されることも多かったのだ。

そもそも易行とは難行《なんぎょう》に対する言葉で、インドの龍樹《りゅうじゅ》（一五〇頃～二五〇頃）が『十住毘婆娑論《じゅうじゅうびばしゃろん》』で述べたことに由来する。

龍樹は仏教全体を難行と易行に分け、「難行は多くの困難な行を修めねばならず、修めたとしてもなかなか完全にはできないし、仏の境地に至るのは容易ではない」といった。さらに「易行はただ仏を信じ念仏もうすのみであるから誰にでもできる。阿弥陀仏の願いによって水上を

成仏のためのふたつの行

難行

多くの戒律を守り、修行することによって仏になろうとする困難な行

易行

ただ本願を信じ、念仏もうして仏にしていただくやさしい行

親鸞は易行を支持

「念仏もうす以外、何もする必要はない」と説く

難行易行どちらを選んでも、悟りを開くことができる

悟り

船で運んでもらうように浄土《じょうど》に導かれ、そこで仏にしていただく」ともいった。

これが難行と易行の根拠になっている。

この難行易行について親鸞は、『高僧《こうそう》和讃《わさん》』のなかで「龍樹大士は世に出現し、仏教には自力の困難な道と他力の易しい道のふたつの道があることを教え、迷いの世界に流転《るてん》する私たちを、阿弥陀さまの本願の船に乗せてくださった」と述べている。つまり易行を支持しているのである。しかし、こうした教えがあっても、人間は仏の願いの真意を忘れ、浄土に往生《おうじょう》するためには本当にそれだけでよいのか、何かほかにもしておいたほうがよいのではないかと考えてしまう。そして理屈をつけては迷い始める。これが異説の原因になっていくのである。

第四章
『歎異抄』を
読み解く

第一条

念仏もうす心のおこるとき
すでに救われているのです

［現代語訳］

私たちの理解をはるかにこえた、あらゆるものを救おうとなさってくださる阿弥陀さまの願いによって、浄土という新しい目ざめの世界に生まれさせていただけると信じ、うれしさのあまり念仏もうそうという心がおこるとき、すでに私たちはしっかりと阿弥陀さまに抱きとられ、恵みの心をいただいているのです。

阿弥陀さまのこの本願の前では、老人と若者、善人と悪人などという人間の物差しではかった区別などは問題ではなくなってしまうのです。ただただ、このように願ってくださる阿弥陀さまを信じることだけがすべてになるのです。

なぜなら阿弥陀さまの願いは、罪をおかさずには生きてゆけず、煩悩《ぼんのう》が火のように燃え盛っている人々こそを救おうとしてくださる願いだからです。

ですから本願を信じようと決めたならば、もう善いことをしようなどと思う必要はありません。阿弥陀さまを慕《した》って念仏もうす以外に、善いことなどないからです。また犯した悪を恐れる必要もありません。阿弥陀さまの願いをさまたげるほどの悪はないからです——このように親鸞聖人はおっしゃってくださいました。

［解説］

この条は、親鸞の信仰の核心を簡潔に伝えている。

親鸞においては、もはや自分の力で仏になろうとすることは不可能であった。煩悩を滅ぼし、みずから清らかな身となることなど、どんなに努力しても無理であった。しかしそう気づいたとき、そのような人間こそを救おうとされていた阿弥陀仏の願い、つまり本願を知らされた。救われがたい自分しか見いだせなかった親鸞においては、阿弥陀仏を信じ、喜びに満たされ、その名を呼ぶ（念仏もうす）ことだけがすべてとなったのである。

善いことをしなければならないとか、悪いことをしてはならないなどということも問題ではなくなった。あえて善悪を問題にするなら、阿弥陀仏を信じ、念仏もうすことだけが善となり、仏の願いをさまたげることだけが悪となる。常識的な善悪観を超えているのだ。

ところで煩悩について具体的に理解しようとするなら、煩悩の根源である三毒《さんどく》を知るとよい。

②浄土に往生するとは

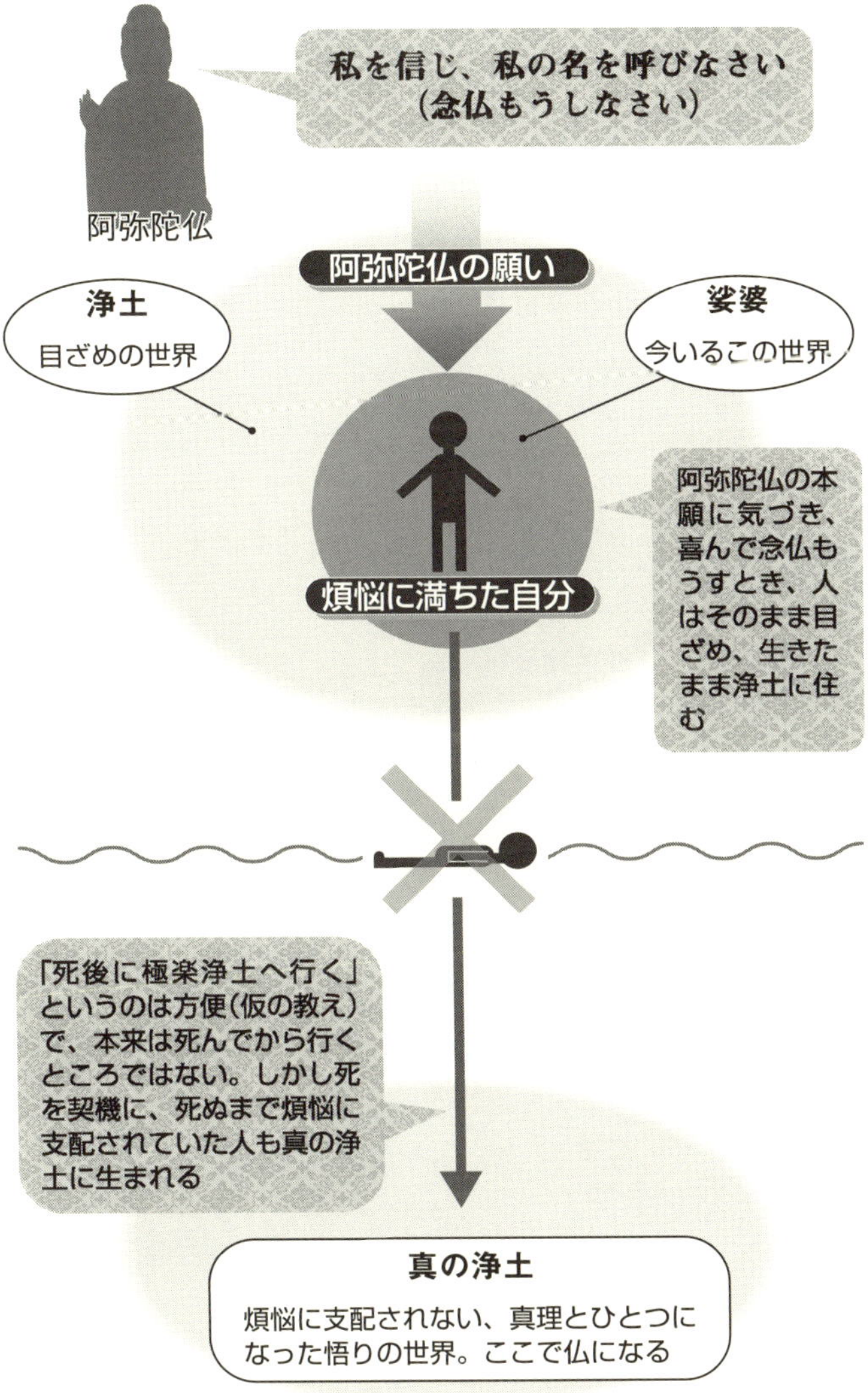
私を信じ、私の名を呼びなさい
（念仏もうしなさい）
阿弥陀仏
阿弥陀仏の願い
浄土
目ざめの世界
娑婆
今いるこの世界
煩悩に満ちた自分
阿弥陀仏の本願に気づき、喜んで念仏もうすとき、人はそのまま目ざめ、生きたまま浄土に住む
「死後に極楽浄土へ行く」というのは方便（仮の教え）で、本来は死んでから行くところではない。しかし死を契機に、死ぬまで煩悩に支配されていた人も真の浄土に生まれる
真の浄土
煩悩に支配されない、真理とひとつになった悟りの世界。ここで仏になる

三毒とは貪欲《とんよく》・瞋恚《しんに》・愚痴《ぐち》をさす。貪欲は限りない欲望・むさぼりのこと、瞋恚は怒り・腹立つこと、愚痴は物事の道理を知らず、人をねたんだり、うらんだりすること。要するに何でも欲しがり、自分に都合よく世界がまわって欲しいとむさぼるが、そうならないと怒り腹立ち、愚痴をいい、思いどおりいかないのを人のせいにして、うらみ、ねたむという心の働きのことだ。

この三毒に毎日身を焼かれ、苦しめられているのが人間なのだが、実は親鸞も例外ではなく、三毒に苦しめられていた。そんな親鸞を助けようと誓われたのが、阿弥陀仏の本願であった。この本願を通して阿弥陀仏と親鸞の間に堅い信頼関係が結ばれたのである。

実は、こうした信頼関係のなかに開かれる世界が浄土で、浄土の存在に気づくことこそが浄土に往生するということになるのである。つまり、浄土は単に死後にだけ行く世界ではない。仏の願いに気づき、心から喜ぶとき、今いる世界が浄土であったと目ざめさせられる。これが親鸞の浄土観の真意である。

ただし、人間は悲しいことに死に至るまで煩悩に支配され続けているため、十分に目ざめることはできない。そこで、できるだけ浄土を体験させていただき、最後に肉体から解放されるとき、真実の浄土に生まれさせていただくのである。

第四章
『歎異抄』を
読み解く

第二条

念仏以外に救われる道はありません

〔現代語訳〕

はるか遠い東国から、十余か国の境をこえてあなたたちが命がけでこの京都にまで私をたずねて来てくださったのは、ひとえに、新しい目ざめの世界である浄土に生まれる道をたずねるためでしょう。しかしながら、お念仏以外にも浄土に生まれる道を私が知っており、その根拠となる書物なども知っているだろうと期待し、それを知りたいと思っておられるのなら、それは大きなあやまりというものです。

もしそうならば、奈良や比叡山《ひえいざん》にも立派な学僧がおおぜいおられますから、その方たちに会って浄土に生まれる理論的根拠を、納得できるまで聞かれるがよいでしょう。親鸞においては、「ただ念仏もうして阿弥陀さまに助けられ、浄土に生まれさせていただきなさい」という法然《ほうねん》聖人《しょうにん》の仰せを信じて念仏もうすほかに、別の根拠はないのです。

お念仏は本当に浄土に生まれる原因になるのか、地獄におちる行為となるのか、この私にはまったくわかりません。しかし、かりに法然聖人にだまされ、念仏して地獄におちることになっても、私は少しも後悔しません。

念仏以外の行に励んで仏になれる身であったのに、念仏をもうしたために地獄におちてしまったというのなら、だまされたと後悔することもあるでしょう。ですが、どんな行もとうてい不可能な身なのですから、地獄以外に行くところなどないのです。

阿弥陀さまのあらゆるものを救おうという本願がまことであれば、それを説かれたお釈迦《しゃか》さまの教えが嘘であるはずはありません。

お釈迦さまの説かれた教えがまことであれば、お釈迦さまの真意を受け継いだ善導大師《ぜんどうだいし》のご解釈に嘘はないはずです。

善導大師のご解釈がまことであれば、善導大師のご解釈によって回心《えしん》なさった法然聖人の教えにいつわりがあるはずはありません。法然聖人の仰せられた教えがまことならば、私親鸞が申すことも根拠のないことではないでしょう。

要するに、愚かな私の信心は以上のようなものです。このうえは、念仏を選んで信じなさろうと、お捨てになろうと、あなたたち自身が判断なさることです――このように聖人はおっしゃってくださいました。

［解説］

この条は、信心を確認するために、はるか遠い東国（関東）から命がけでたずねてきた門弟《もんてい》たちに対し、親鸞が「あらためて念仏のほかに救われる道はない」と断言したことを伝えている。当時、東国と京都の往復には膨大な費用と日数を要し、ときには命の危険も生じた。それにもかかわらず門弟たちが京都を訪れたのは、第二章でも述べた善鸞義絶《ぜんらんぎぜつ》（勘当《かんどう》）事件が大きく関係している。

親鸞が息子・善鸞を義絶したのは、彼が東国から京都へ帰って二十年ほどたった八十四歳の頃であった。その四年ほど前、東国の念仏者の間に混乱が深まったため、親鸞は善鸞を事態の収集に向かわせた。しかし、その善鸞に問題がおこってしまったのだ。

宗教教団にはよくあることだが、中心人物を失うと後継者争いなどの問題がおこる。自分こそが正統な弟子であり、正しく教えを継承しているなどと主張したがるからだ。この問題が東国の念仏教団でもおこってしまった。

さらに親鸞の教えは誤解されやすく、悪いことをしても念仏をとなえれば罪は消えるという造悪無碍《ぞうあくむげ》や、信心と念仏だけでなく善行も必要であるという専修賢善《せんじゅけんぜん》などの異説が生じていた。とくに造悪無碍の教えは社会の秩序を乱し、幕府から目をつけられる原因になっていた。こうして東国の念仏教団は混乱を深めていったのである。

東国に派遣された善鸞はすでに五十歳前後で、最初は父の意志に沿って真面目に努力していた。だが、やがて一部の人々に利用され、異端者の棟梁《とうりょう》にまつりあげられてしまう。

そして親鸞の書簡によると、「自分だけが夜中に父自身から特別の教えを聞いた」などと言いふらすようになった。また親鸞がもっとも大切にしていた阿弥陀仏の第十八願を、「しぼんでしまった花のようなものだから捨ててしまえ」と語ったともいう。

これに対し親鸞は、「かなしきことなり」と書き、さらに嘘をつく善鸞に「親鸞にそらごとをもうしつけたるは、ちちをころすなり。……いまは、おやということあるべからず、ことおもうことおもいきりたり」と書いて、親子の義を絶ったのである。

東国の門弟たちが身命《しんめい》をかえりみず京都にまでやって来たのも、善鸞を信じられなくなったからであった。親鸞にはこの人々の気持ちが痛いほどわかったはずだ。比叡山を下り、何を信じればよいかがわからず六角堂《ろっかくどう》に籠《こも》り、法然のもとに向かった自分。その姿と東国の門弟たちの姿が重なるからだ。この条からは親鸞の情熱と法然への強い思慕《しぼ》の念が伝わってくるが、その背景には、こうした事情があったのである。帰路につく門弟たちを見送る際、親鸞は心の中で手を合わせていたにちがいない。

東国でおこった混乱

善鸞の異端的行為

一、「自分だけが父から秘密の教義を聞いた」と吹聴した
一、親鸞が重視していた阿弥陀仏の第十八願を「しぼんだ花」にたとえた

＊善鸞を一方的に裏切り者扱いにするのは間違いで、利用されただけとの意見もある

義絶に対する疑問点

● 「義絶状」は親鸞自筆のものではない。有力門徒による勢力争い、信徒の奪い合いのために捏造された疑いもある

● 理論的な著作の世界とはちがい、実際の伝道、布教となると妥協が必要な場合もあり得る。神道、民間信仰、修験道などの教えが血にしみ込んでいる関東の人々に、方便としてそれを許容しながら、念仏の教えに導こうとした場合、潔癖な理論のみでは解せない。このことは、親鸞も身にしみて感じていたことだろう。善鸞を異端者と決めつけることなく、今後、深く再考すべき問題であろう

第三条

悪人こそ、浄土に生まれることができるのです

［現代語訳］

善人《ぜんにん》でさえ浄土に生まれることができるのですから、悪人《あくにん》が生まれられないはずはありません。ところが世間の人は常に、「悪人でさえ浄土に生まれることができるのだから、善人が生まれられないはずはない」といいます。

たしかにこのような考え方は、一応筋が通っているようにもみえますが、阿弥陀さまの本願を信じる他力《たりき》の趣旨にはそむくことになるのです。

というのは、自分の力に頼って善い行ないをし、その功徳《くどく》によって浄土に生まれようとする人は、いちずに阿弥陀さまをたのむ心が欠けているから、救いの対象にはしていただけないのです。しかし、このような自力の心をひるがえし、ひたすら他力にまかせきるとき、阿弥陀さまに目を開かれ、目ざめさせていただいて真実の浄土に生まれることができるのです。

どうあがいてみても煩悩から離れられない私たちは、どのような修行をしてみても、とうて

い迷いの世界を離れることなどできません。こんな私たちをあわれんで本願をおこしてくださった阿弥陀さまの本心は、このような悪人を目ざめさせ、仏にしようとしてくださるところにあります。ですから、いちずに他力をたのむ悪人こそが、救いの対象としてもっともふさわしい者となるのです。善人でさえ往生《おうじょう》する、まして悪人が生まれないはずはないというのはそのためなのですと、聖人はおっしゃってくださいました。

［解説］

阿弥陀仏の本願は、善人よりも悪人を対象としている。だから悪人こそ救われるという教えが、いわゆる悪人正機説《あくにんしょうきせつ》だ。

親鸞の思想の中でもっともよく知られた教えといえるであろう。だが、ここで説かれる善人・悪人の概念は、実は道徳や法律的な考えではなく宗教的な考えにもとづいている。

親鸞によれば、善人とは自分の力で修行をして善を積み、成仏《じょうぶつ》しようとする者をさす。いっぽう、悪人とは修行する能力も余裕もない者をさす。善人になれるのはごく一部の人だけで、戦乱や天変地異《てんぺんちい》の相次ぐ時代においては、ほとんどすべての庶民は悪人にならざるを得ない。

しかし、阿弥陀仏は善人よりも悪人を救ってくれるとされる。悪人は自分の力のなさに絶望しているため、「救ってあげたい」という仏の働きかけに気づきやすく、信じやすい状況にいる。そのため悪人こそ救われ、往生できるというのだ。

では、悪人が「成仏《じょうぶつ》」するとか「往生する」とは具体的にどのようなことをいうのであろうか。

そもそも仏教における仏とは、仏陀《ぶっだ》を略した言葉で「悟《さと》った者」を意味する。したがって成仏とは、迷える人間が宇宙万有の真実を自覚し、体得することをいう。

自力の仏教では、煩悩を滅ぼし清浄《しょうじょう》になって、この真実を体得し、仏になろうとする。一方、浄土教《じょうどきょう》では、能力の劣った者はこの世で成仏できない、成仏するには死後浄らかな浄土に生まれ、そこで修行してはじめて可能になると考える。

この浄土教の考えを発展させたのが親鸞であった。

親鸞は死後ではなく、阿弥陀仏から信心をいただいたときが浄土に往生させていただくときだと説いたのである。『末燈鈔《まっとうしょう》』には「信心のさだまるとき、往生またさだまるなり。来迎《らいごう》の儀式をまたず」とある。

とはいえ肉体をもつ以上、煩悩から離れられず、仏になることはできない。だから、この世で信心を喜び念仏もうさせていただき、死の一瞬に阿弥陀仏に導かれ仏になるのだ。

善人の救済と悪人の救済

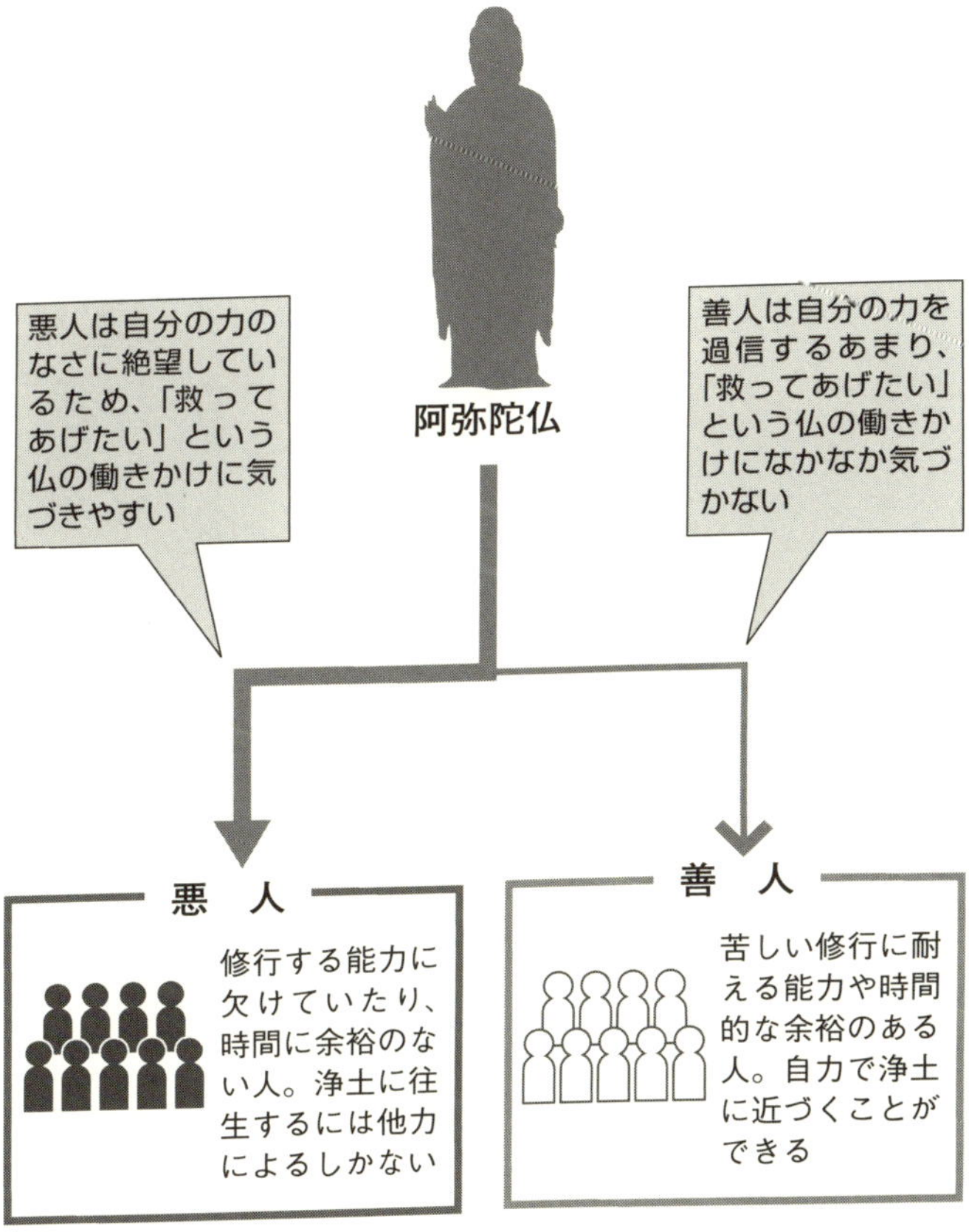

阿弥陀仏から見れば、人はみな悪人なので、すべての者に救いは訪れるが、他力に気づく悪人のほうが救われやすいのである

第四条

念仏もうすことが真実の慈悲なのです

[現代語訳]

慈悲《じひ》には、自力による聖道門《しょうどうもん》と他力による浄土門《じょうどもん》でちがいがあるのです。

聖道門でいう慈悲とは、すべての命あるものをあわれみ、いとおしみ、はぐくもうとすることです。しかし実際には、思いどおりに助けてあげるなどということは、とても無理なことです。

これに対し浄土門でいう慈悲とは、念仏もうして浄土に生まれ、阿弥陀さまの力によってすみやかに仏にしていただいたうえで、仏のおおいなる慈悲によって思いのままにすべてのものに救いの手を差し伸べることをいうのです。

この世に生きている間は、どんなにいとおしい、かわいそうだと思っても、自力によっては思い通りに助けることなどできませんから、この聖道門の慈悲が本当の慈悲となることはできません。

ですから、念仏もうすことだけが真実の大慈悲心となるのです——このように聖人はおっしゃってくださいました。

［解説］

仏教の慈悲とは、苦しみや悩みを取り除き楽しみを与えることをいう。キリスト教の人類愛や隣人愛とは異なり、生きとし生けるものすべてにおよばなければならないとされる。慈悲という言葉についてもう少し見ていくと、「慈」はサンスクリット語のマイトリー（友情）の漢訳で、特定の人への友情ではなく、すべての人々に友情をもつことを意味している。いっぽう、「悲」はカルナー（同情）の漢訳で、他人を憐《あわ》れみ悲しい気持ちをともにすることを意味する。慈悲は友情と同情からなるというわけだ。

この条では、その仏教の慈悲には二通りあり、自力による聖道門の慈悲はすばらしいが能力のない者にとっては実践不可能で、他力による浄土門の慈悲こそが自力に頼れない人間にとって真実の慈悲になるという親鸞の思いを伝えている。

そもそも聖道門と浄土門は、中国唐《とう》代の僧・道綽《どうしゃく》（五六二〜六四五）が『安楽集《あんらくしゅう》』という著作のなかで仏教をふたつに分類したことに由来する。

聖道門の慈悲と浄土門の慈悲

聖道門の慈悲	浄土門の慈悲
難行道	易行道
↓	↓
生きとし生けるものすべてを自分の力で憐れみ、手を差し伸べる	まず阿弥陀仏の力で浄土に生まれさせていただき、仏になってから手を差し伸べる
↓	↓
一般の人間が実践することは非常に難しい	ひたすら念仏もうしていればよいので、誰でも実践できる

自力に頼れない者にとっては、浄土門の慈悲が「真実の慈悲」となる

みずからの力で修行し悟りを開いて仏になろうとする立場が聖道門、阿弥陀仏の力によって浄土に生まれ仏にしていただくという立場が浄土門である。

ふたつの立場は難行道《なんぎょうどう》・易行道《いぎょうどう》に対応し、それぞれの慈悲にはちがいがある。

聖道門の慈悲は、生きとし生けるものすべてを自分の力で憐れみ、はぐくまねばならない。一般の人間にはとても無理である。

いっぽう、浄土門の慈悲は、まず阿弥陀仏の力で浄土に生まれさせていただき、仏になってから人々に慈悲の手を差し伸べる。

したがって、ひたすら念仏もうすことだけが真実の慈悲になると親鸞は教えているのである。

第四章
『歎異抄』を読み解く

第五条

父母のために念仏をもうしたことはありません

［現代語訳］

私親鸞は、亡き父母に孝行するために追善《ついぜん》供養《くよう》の念仏をもうしたことは、一度だってありません。

なぜなら、命あるものはすべて、はるか昔から何度も生まれかわったり死にかわったりする間に、私の父母であったり兄弟であったりしたはずのものだからです。

ですからこの次に生まれるときには仏となって、命あるものすべてを助けなければならないのです。

お念仏が私の力で励む善行であるならば、その功徳《くどく》を亡き父母にふりむけて供養することもできるでしょうが、お念仏は、自分の力で励むものではありません。

ですからひたすら自力の思いを捨て去って、すみやかに浄土に生まれさせていただき、さとりを開かせていただいたならば、父母や兄弟たちがたとえ地獄や餓鬼《がき》や畜生《ちくしょう》の世界などに生まれ、どんな苦しみに沈んでいても、さとりのもつ凡夫《ぼんぶ》の理解をこえた力によって、まず自分にもっとも縁の深い人々から救うことができるようになるでしょう——このように聖人はおっしゃってくださいました。

［解説］

親のために念仏をもうしたことはない——この条はいきなり衝撃的な言葉で始まる。現在でも親の冥福《めいふく》を祈って念仏をとなえる習慣があるから、まるで親不孝な発言のように受け取られる人もいるであろう。だが、仏教的な世界観と親鸞の念仏観を知れば、これが親不孝などではなく、深い意味をもった言葉だということがわかる。

まず仏教的な世界観から見ていこう。

仏教では、「有情《うじょう》」すなわち人間や動物など心や感情をもったものはすべて強い絆《きずな》で結ばれていて、生と死を繰り返す間に父母や兄弟姉妹になっていると考えられている。だから父母を救うことは、生きとし生けるものすべてを救わねばならないということにもなり、これは不可能なことと解釈される。

六道四生《ろくどうししょう》の思想にも関係がある。

六道四生の世界観

六道	天上	物質から解放された世界。ただし絶対平安ではない
	人間	人間の世界。修行ができ、仏に出会うことができる
	修羅	悪や怒り、慢心、愚痴の多い者が赴くとされる世界
	畜生	悪行の報いで動物に生まれ、互いに殺傷し合う世界
	餓鬼	嫉妬深かったり貪る行為をした者が赴く世界
	地獄	破戒などの罪を犯した者が赴く最も苦しみの多い世界

繰り返しめぐる

四生	胎生	人間や獣のように母胎から生まれるもの
	卵生	鳥のように卵から生まれるもの
	湿生	ぼうふらや虫のようにじめじめした湿気の多い所から生まれるもの
	化生	母胎や卵を経ないで、突然生まれるもの。仏や菩薩

繰り返しめぐる

六道と四生に迷い、生死を繰り返す者を救うことは無理。念仏もうして仏の力をいただくしかない

六道とは六つの迷いの世界で、地獄《じごく》（最悪の罪を犯したものが赴《おもむ》く世界）・餓鬼《がき》（むさぼりの生活をしたものが赴く世界）・畜生《ちくしょう》（傷つけ合ったりした者が赴く世界）・修羅《しゅら》（争いばかりしていた者が赴く世界）・人間《にんげん》（人間の世界で、修行もでき仏に出会える世界）・天上《てんじょう》（物質から解放された世界）をさす。四生は生まれ方を分類したもので、胎生《たいしょう》（母胎から生まれるもの）・卵生《らんしょう》（卵から生まれるもの）・湿生《しっしょう》（湿気のあるところから生まれるもの）・化生《けしょう》（突然生まれるもの）からなる。

衆生《しゅじょう》はこの六道と四生に迷い、生死を繰り返しているため、自力の念仏による救済は難しい。救われるには仏の力に頼るほかない。

さらに親鸞の念仏観である。

親鸞の念仏観

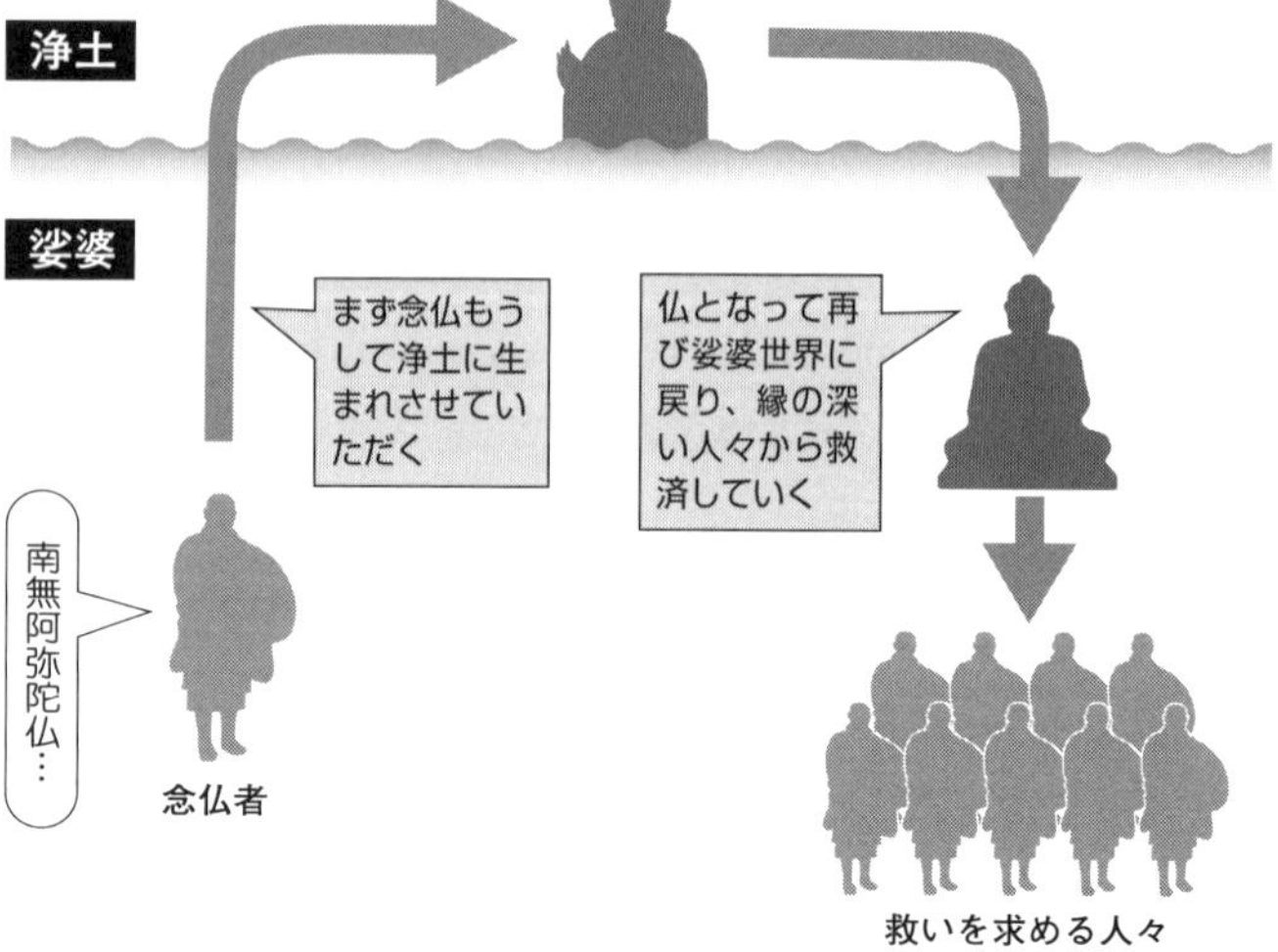

従来は念仏をとなえることは善行で功徳になるので、これを死者のために回向《えこう》（ふり向けること）し、供養することができると考えられていた。

しかし親鸞は、念仏を自分でとなえるのではなく阿弥陀仏からたまわるものと考えていたため、これを功徳として他人に回向することはできなかった。

したがって追善供養のための念仏は、親鸞においては意味をもたなくなった。そこで親鸞は、ただ仏を信じ、念仏もうして浄土に生まれさせていただき、悟りを得たうえで、縁の深い人々から救う以外はないと考えたのだ。

冒頭の言葉は、決して親不孝な言葉ではないのである。

第四章
『歎異抄』を
読み解く

第六条

親鸞は一人も弟子をもっておりません

［現代語訳］

ただひたすら念仏もうす専修《せんじゅ》念仏の人々の間に、この人は私の弟子だ、あの人は他人の弟子だなどという弟子の奪い合いがあるようですが、もってのほかです。

私親鸞は、弟子はひとりももっておりません。私のはからいで人に念仏をもうさせるのであれば弟子であるともいえるでしょうが、ひとえに阿弥陀さまの働きかけによって念仏もうさせていただく人々を、弟子であるなどとはとてもいえることではないからです。

結びつくべき縁があれば結びつき、離れるべき縁があれば離れるのです。それなのに師にそむき、他人にしたがって念仏もうすならば浄土に生まれることはできない、などとは絶対にいってはなりません。阿弥陀さまからいただいた信心を、自分が与えたものといって取り返そうとでもいうのでしょうか。そのようなことは決してあってはいけないのです。

すべてを阿弥陀さまにおまかせし、生きさせていただいていれば、おのずと阿弥陀さまのご恩も自分を導いてくださった師のご恩もよくわかるようになるのです――このように聖人はおっしゃってくださいました。

［解説］

宗教者の多くは弟子をもつ。しかし親鸞は、ひとりの弟子ももたないと語る。この条では、親鸞が相次ぐ弟子の争奪に苦言を呈し、他力の世界には弟子というものは存在し得ないと明言したことが伝えられている。

明治時代のキリスト者・内村鑑三《うちむらかんぞう》（一八六一～一九三〇）は、キリスト教会内の信者の奪い合いについてきびしく糾弾《きゅうだん》し、「ただちに教会そのものについて視るを得べし、その教師の嫉《しっ》妬《と》と反目《はんもく》と排擠《はいせい》とを見よ、その信者の奪合を視よ」（「無教会主義の証明者」）と書いたことがある。現代においても、このような事例はあとをたたない。我欲に信仰が負けてしまうのだ。親鸞が凝視していたのも、人間のこの姿であろう。

他力によって念仏させていただくという教えにおいては、弟子ではなく同朋《どうぼう》・同行《どうぎょう》しかあり得ない。自分のはからいで人に念仏させたのであれば弟子といえる。だが、仏の働きで念仏する人を自分の弟子とはいえないのだ。親鸞は折りにふれて東国の門徒《もんと》に書状を送ったが、そ

親鸞の門弟

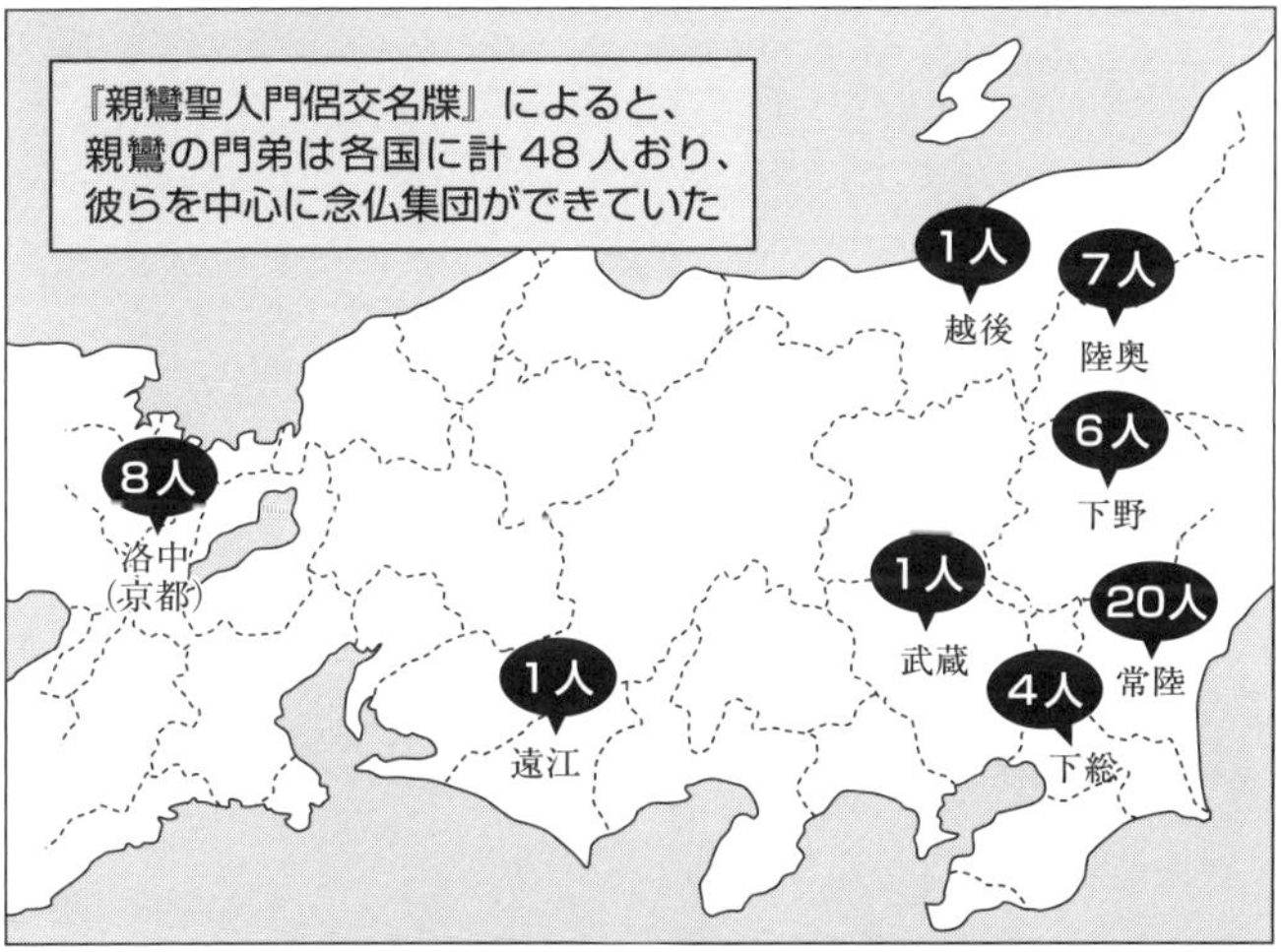
『親鸞聖人門侶交名牒』によると、
親鸞の門弟は各国に計48人おり、
彼らを中心に念仏集団ができていた
1人
越後
7人
陸奥
6人
下野
8人
洛中
(京都)
1人
武蔵
20人
常陸
1人
遠江
4人
下総

のなかに「この手紙をだれかれのへだてなく、同じ心で読み聞かせてあげてください。常陸《ひたち》の奥郡にいらっしゃる同朋の方々も同じようにご覧になるでしょう」(『御消息集《ごしょうそくしゅう》』)というような一通が見られる。たしかに弟子でなく同朋といっている。

また、本願寺《ほんがんじ》教団を未曾有《みぞう》の大教団に飛躍させた蓮如《れんにょ》も、親鸞の精神を受け継いで「私は門徒にお世話になり養ってもらっている、聖人は弟子ひとりももたず、皆同じ同行であるといっておられた」(『空善記《くうぜんき》』)と常に語っていたという。「四海の信心の人は皆兄弟」という親鸞の言葉も忘れなかった。

このような姿勢が門徒の心に届き、大教団に発展させる原動力になったのだ。

親鸞が「弟子をもたぬ」と語る理由

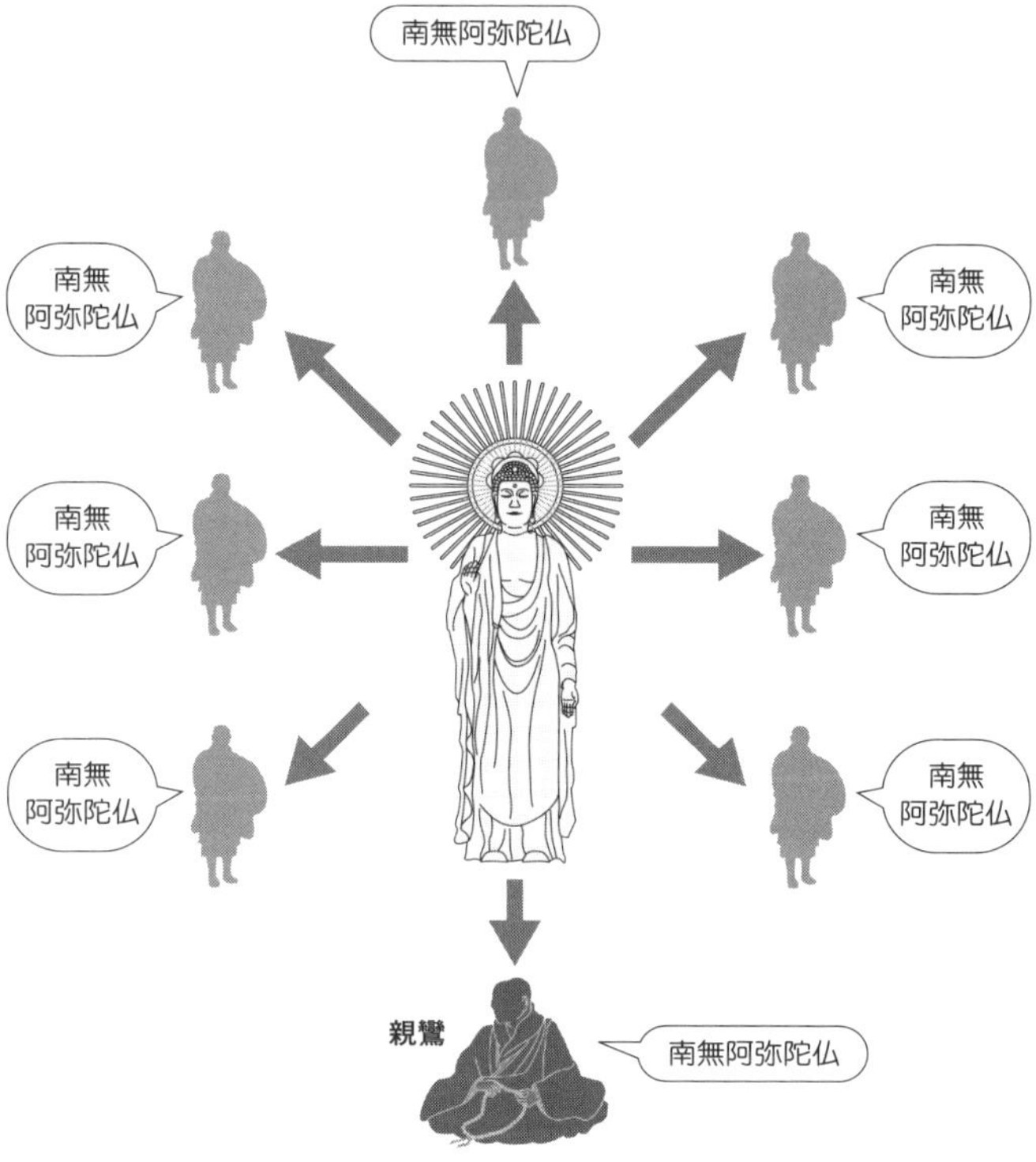

阿弥陀仏がどんな人にも分け隔てなく働きかけてくださり、念仏もうさせてくださる

↓

念仏は私親鸞がさせるのではなく、阿弥陀さまの働きかけによる。阿弥陀さまの前ではみなが平等なのだから、私も人の上に立つのはよそう

第四章
『歎異抄』を
読み解く

第七条

念仏者とはただひとすじの道を行く人なのです

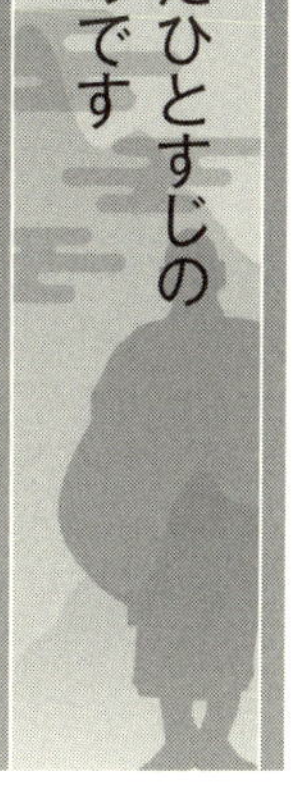

［現代語訳］

念仏もうす人は、何ものにもさまたげられない、ただ一筋の道を行く人なのです。

その理由をいえば、阿弥陀さまの願いを堅く信じて念仏もうす人には、梵天《ぼんてん》など天の神々や龍王《りゅうおう》など地の神々も敬《うやま》いひれ伏し、魔界に住む魔物たちや外道《げどう》にくみするものたちも、これをさまたげることはできないからです。

どんな罪悪の報《むく》いもおよばないし、自力の善を積んで得る功徳も、とうていこの念仏の善にはおよびませんから、何ものにもさまたげられることのない一筋の道であるといえるのです――このように聖人はおっしゃってくださいました。

［解説］

この条では、念仏者は阿弥陀仏と堅い絆で結ばれているので、何ものにもさまたげられることはない、という親鸞の強い信念が打ち出される。親鸞は、中世の人々に広く信じられていた神々や魔でさえも、念仏者に干渉することはできないと説き、念仏の絶対性をしめすのである。

文中にある天の神々とは、梵天、帝釈天《たいしゃくてん》、四天王《してんのう》（持国天《じこくてん》、増長天《ぞうちょうてん》、広目天《こうもくてん》、多聞天《たもんてん》）などの天上神をさす。もともとはインドで信仰されていたが、仏の教えに帰し、仏法の守護神《しゅごしん》となった。親鸞によれば、これらの神々は念仏者を守ってくれる存在で、『浄土和讃《じょうどわさん》』には、「南無阿弥陀仏をとなうれば　梵王帝釈帰敬す　諸天善神ことごとく　よるひるつねにまもるなり」とうたわれている。

地の神々とは人間界に住む地神《じしん》をさす。これらも仏教の守護神である。堅牢地神《けんろうちじん》、八大龍王《はちだいりゅうおう》（難陀《なんだ》、跋難陀《ばつなんだ》、沙伽羅《しゃから》、和修吉《わしゅきつ》、徳叉伽《とくさか》、阿那婆達多《あなばだった》、摩那斯《まなす》、優婆羅《うばり》）などと呼ばれ、親鸞は「南無阿弥陀仏をとなうれば　堅牢地祇《ちぎ》は尊敬す　かげとかたちとのごとくにて　よるひるつねにまもるなり」とうたった。

次に魔界とは魔の世界を意味する。魔は仏の教えに従ったり修行に励むことをさまたげるものとされており、自分の心身からおこる煩悩などの内魔と、自分の外から加えられる外魔に二分される。

さらに外道とは、仏教以外のものを崇拝する人々の総称である。自己にとっての真のあり方

念仏者の道程

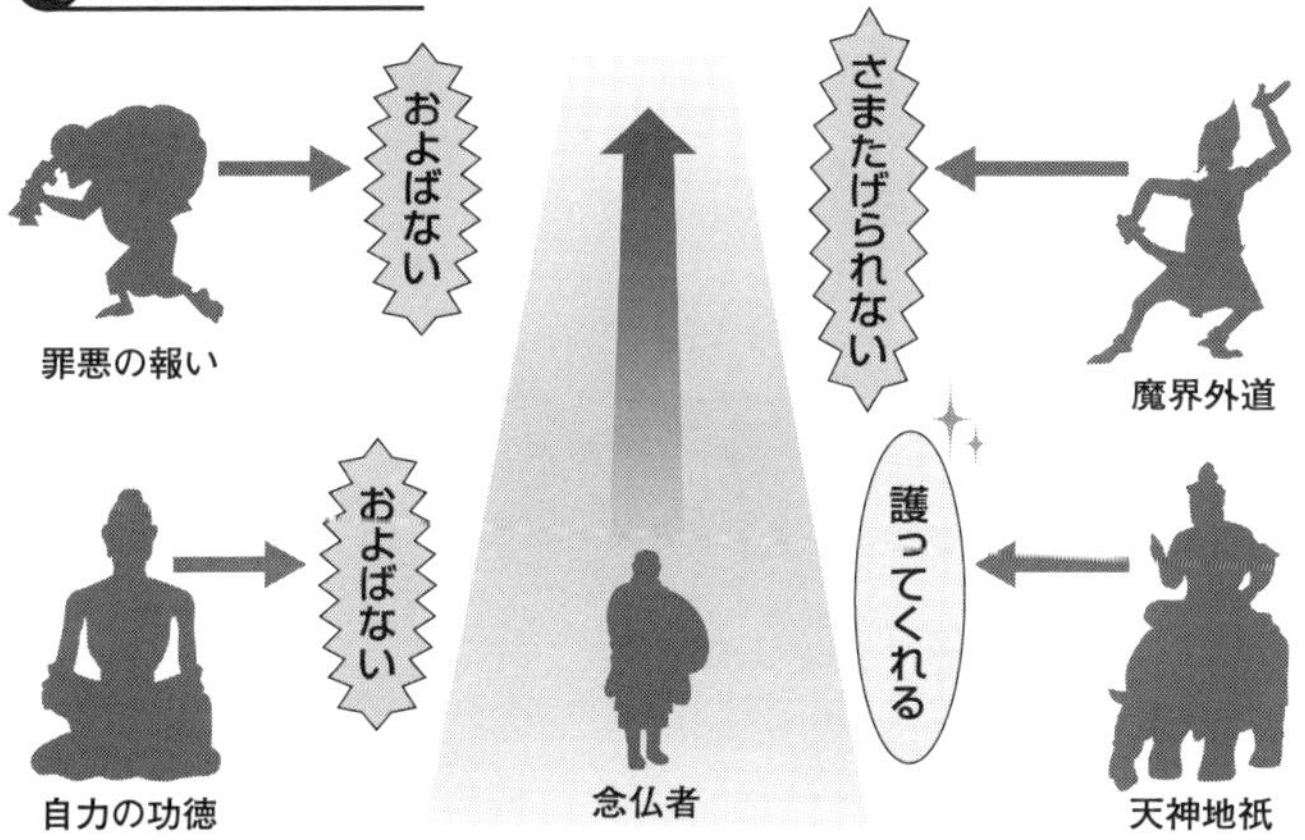

念仏者の行く道は何者にもさまたげられない

を自己自身に問う内道《ないどう》としての仏教に対し、自己の外に真実なものを求めようとするから外道という。

占いなどがこれに当たる。親鸞はたとえば「吉日良辰《きちにちりょうしん》をえらび、占相祭祀《せんそうさいし》をこのむものなり。これは外道なり。これらはひとえに自力をたのむものなり」（『一念多念文意』）と述べている。

これら天神《てんじん》地祇は念仏の教えを敬い、ひれ伏し、魔界外道も念仏をさまたげることはできないと親鸞はいう。

真理である阿弥陀仏と何ものにもまどわされることのない自己との堅い絆は、こうして不動のものとなり、その人の行くべき道はただ一筋の道となるのだ。

第八条

念仏もうすことは行でも善でもありません

［現代語訳］

念仏もうすことは、その人にとっては行でも善でもありません。

自分の力ではからって行なうものではないから、行ではないのです。また自分のはからいによって作る善ではないから、善でもないのです。

ひとえに他力によるものであり、自力を離れた行為ですから、念仏もうす人にとっては行でも善でもないわけです――このように聖人はおっしゃってくださいました。

［解説］

この条は全十八条のなかでもっとも短い。要点は、念仏は阿弥陀仏からたまわるものであり、自分が行なう行でも善でもないということだ。親鸞の念仏は、常識的な行為や善悪観には立っていないのである。

しかし、当初は親鸞も、救いを求めて自力を徹して念仏をとなえていた。

親鸞は比叡山《ひえいざん》での二十年にわたる修行中、山内《さんない》の地位を堂僧《どうそう》と決められた。堂僧は常行三昧堂《じょうぎょうざんまいどう》で「不断念仏《ふだんねんぶつ》」ともいわれる常行三昧を行なう僧であったとされる。常行三昧とは、阿弥陀仏を本尊《ほんぞん》として安置し、七日ないし九十日の間、『阿弥陀経』を誦《じゅ》し、念仏をとなえ続けながらそのまわりを歩き、常に仏を念じ、心の中に極楽浄土や仏の姿を浮かべる修行方法であった。

これによって罪が除かれるといわれた。

親鸞はこの常行三昧に徹した。不眠不休で努力し自力の極限に挑戦し、経を読み、念仏をとなえ続けた。

だが、阿弥陀仏に近づけるとも、自分の罪が消滅していくとも少しも考えることができなかった。自力の念仏に挫折《ざせつ》したのだ。『歎異抄』の「いずれの行もおよびがたき身なれば、とても地獄は一定《いちじょう》すみかぞかし」という告白は、このような挫折を言い表した言葉であると考えられる。

しかし、このような挫折があったからこそ、親鸞は自力の心を離れ、阿弥陀仏の本願の力によって功徳をたまわるという絶対他力の念仏に気づき得たのである。

第九条

念仏を喜べなくてもよいのです

［現代語訳］

私唯円《ゆいえん》が「念仏をもうしておりましても、おどりあがるような喜びがわきおこってきません。また、早く浄土に生まれさせていただきたいという心もおこってきませんのは、どういうことなのでしょうか」とおたずねしますと、聖人は「この親鸞も実は同じような疑問をもっていたのですが、唯円房よ、あなたも同じ思いをもっていたのですなあ」とおっしゃり、次のように話してくださいました。

「よくよく考えてみれば、天におどり地におどるほどに喜ばなければならないことを喜べないのですから、いよいよ浄土に生まれさせていただけることは確実になったと思わなければなりません。喜ばなければならない心を抑えつけて喜ばせないのは、ほかでもなく煩悩のしわざなのですから。

阿弥陀さまはこのことをとっくに知っておられ、煩悩からのがれられない愚かな凡夫《ぼんぶ》たちよ、と呼びかけてくださっているのです。他力の悲願はまさにこのような私たちのためであると気づかせていただけるのですし、いよいよたのもしく思えるのです。

また、早く浄土へまいりたいという心もおこらず、ちょっと病気にかかったりすると死んでしまうのではないかと心細くなってしまうのも、煩悩のしわざなのです。

遠い遠い過去から今まで、生まれかわり死にかわりして流転してきた苦悩の世界なのに、これを捨てられず、これから生まれさせていただく安らぎにみちた浄土を恋しいと思えないのは、よくよく煩悩がさかんだということです。

どんなに名残《なごり》惜しく思っても、この世との縁が尽き、どうしようもなくなって命が終るときに、浄土にまいらせていただければよいのです。急いでまいらせていただきたいと思えない者こそを、特にあわれんでくださるのです。

このようなわけですから、深い慈悲によっておこされた阿弥陀さまの願いはいよいよたのもしく、浄土に生まれさせていただくことはまちがいないと思いなさい。

おどりあがるほど喜ぶことができ、浄土に早くまいりたいなどと思えるなら、かえって煩悩がなく救いの対象になっていないのではないか、と疑ってしまうでしょう——このように聖人はおっしゃってくださいました。

［解説］

この条では、親鸞と唯円の対話を通して、ふたつの問題が述べられている。

ひとつ目は「念仏をもうしても喜びがおこってこない」と唯円が告白した問題である。

この告白に対して、親鸞は驚くべきことに「私も同じである」と答えた。唯円は親鸞が念仏する姿を見て、当然ながら喜びに満ちているのであろうと思っていた。しかし実は、そうでなかったのである。

ではなぜ、喜ぶべきことを喜べないのか。その原因について親鸞は貪欲《とんよく》、瞋恚《しんに》、愚痴《ぐち》の三毒《さんどく》に代表される煩悩のしわざであると説く。

すでに述べたように、三毒のうち愚痴は無明《むみょう》ともいい、真理に暗いこと、根源的な無知をさす。阿弥陀仏は、念仏もうせば必ず浄土に生まれさせると約束されている。それにもかかわらず、その真理を喜べないのは真理がわからない、無明だからだと親鸞は主張するのである。

しかし親鸞は、無明の煩悩から離れられない者を救うのが阿弥陀仏の本願なので、それでいいともいっている。それほど本願の力は偉大なのである。

ふたつ目は、すばらしい浄土に早く行きたいという心がおきないという問題である。

たとえば、人間はみなちょっとした病気になっただけで、死んでしまうのではないかと心細

念仏を喜べない人への救い

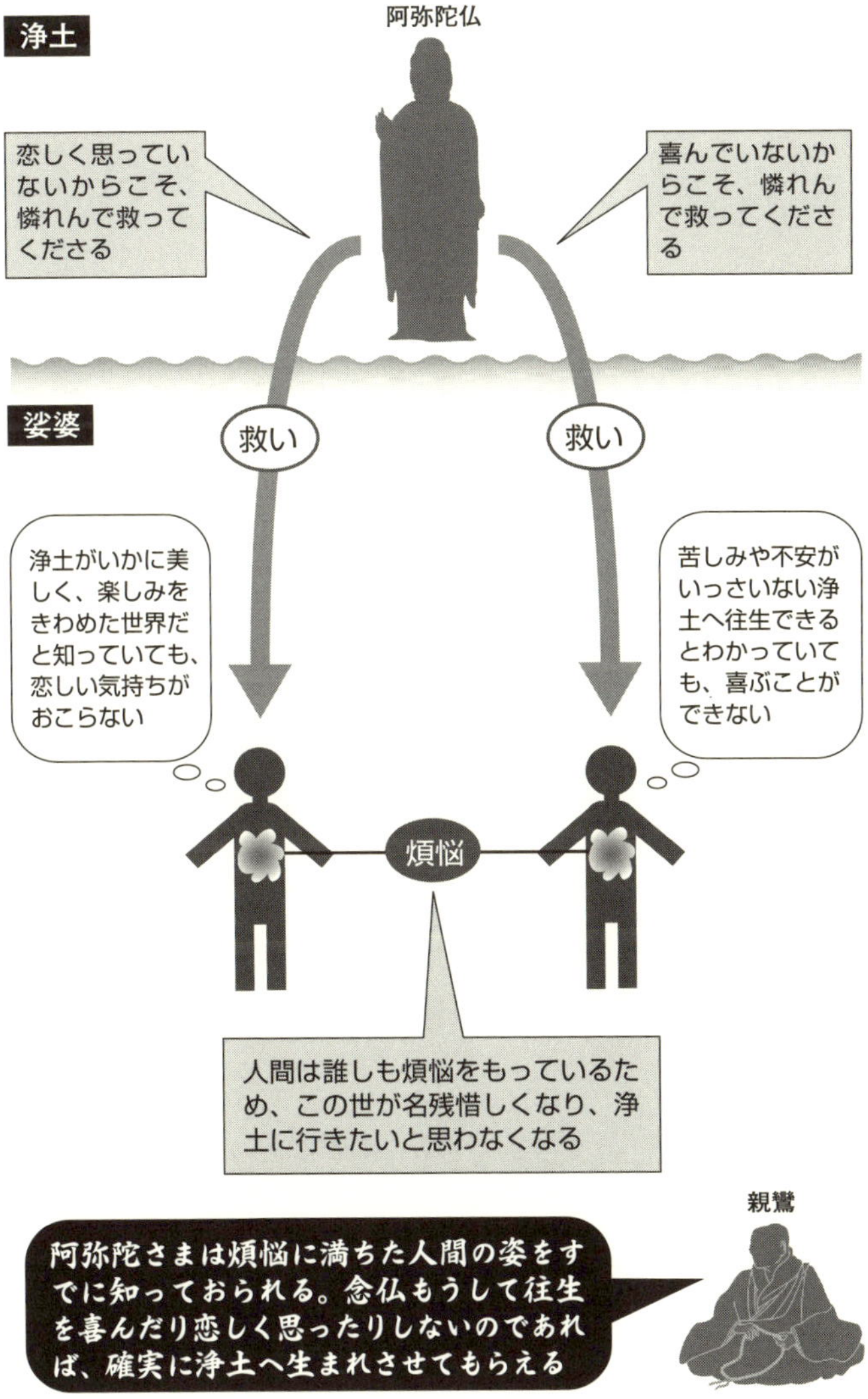

くなる。たしかに、それでは念仏も浄土も信じていないと見なされたとしても不思議はない。

この問題について親鸞は、それならそれでよいという。念仏もうすとき、すでにそのまま浄土に住まわせていただいているのに、それを浄土だと思えない。しかしそれが人間であり、そう思わせないのが煩悩。それならば命が終わるときに浄土に生まれさせていただけばよいというのである。

ここに親鸞の信心の深さが表れている。

無理をして煩悩を断ち切ろうとすれば、自力の行になってまた苦しむことになる。ならば、煩悩をもったままでよい。それが阿弥陀仏を信じ、身をまかせるということなのだ、と親鸞は説いているのだ。

このような心境になると、煩悩に対する思いが大きく変わる。煩悩があるからこそ、このような救いに気づかせていただいたのだと思えるようになるからだ。

煩悩は自分を苦しめるものではなく救いに導いてくれるもの、感謝すべきものとなり、救いの喜びが一層深くなる。

正直な親鸞の人柄を通して、無明の苦悩が深い喜びに変えられていく点に注意したい。

第四章
『歎異抄』を読み解く

第十条

念仏ははからいのないことに意味があるのです

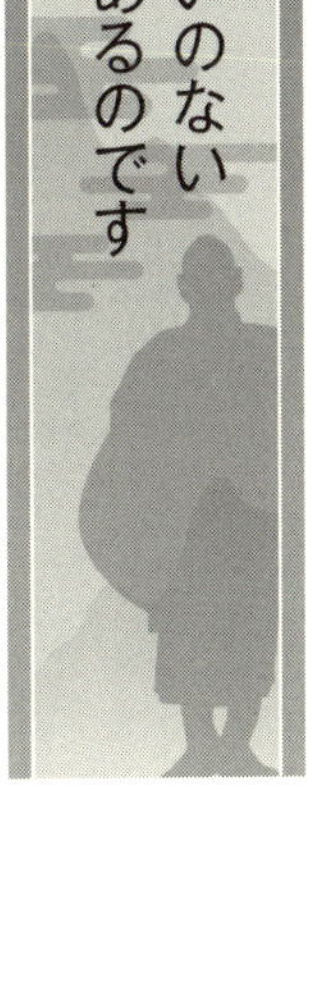

［現代語訳］

他力の念仏は阿弥陀さまによってもうさせていただくのですから、私たちのはからいがないことに真の意味があります。とうてい私たちの言葉に表わしたり説明したり、思いはかったりできるものではありません——このように聖人はおっしゃってくださいました。

さて、聖人ご在世のころ、同じこころざしをもって東国からはるばる遠い京都まで歩みを運ばれた方々は、信心を同じくし、同じ浄土に生まれさせていただこうと願う同朋《どうぼう》たちでした。こうして聖人から信心の核心をうけたまわった人々とともに念仏もうされる老若《ろうにゃく》が数えきれないほど多くなりましたが、その中に、最近聖人のおっしゃったことと異なったいろいろな教えを主張する人が多くなったと伝え聞いております。

そこで私は、そのようないわれのない異説の一つひとつについて、次にくわしく書きしるしておきます。

［解説］

この条はふたつの部分に分けられる。冒頭から「おおせそうらいき（おっしゃってくださいました）」までの部分が前半、それ以降の部分が後半となる。

前半は親鸞の言葉を直接取りあげているため、第九条の続きのように見える。いっぽう、後半は第十一条以下の序文のように見える。こうした体裁《ていさい》になっているのは、蓮如《れんにょ》の書写本などにおいて、両部分がどちらも同じ条に組み込まれているからである。

それぞれを見ていくと、前半は唯円が聞いたという親鸞の言葉をまとめたものである。原文の「義」とは人間のはからいをさすが、念仏は仏のはからいによって一方的に与えられるもので、私たちの思慮分別を超えている。人間の心で思いはからうようなものでなく、無義《むぎ》こそが真義《しんぎ》であると簡潔にしめしている。

後半は親鸞の教えに反した異説をとなえる者が多く現れたことを歎き、それらの異説を取りあげ、真面目な真宗門徒のためにしっかりと是正していくと決意を述べている。すなわち、後半は『歎異抄』全体の後半部分の序のようなものといえる。

唯円が『歎異抄』を執筆した目的が異説を正すことにあると考えると、ここから唯円の独自性が表れてくるともいえる。

念仏の歴史

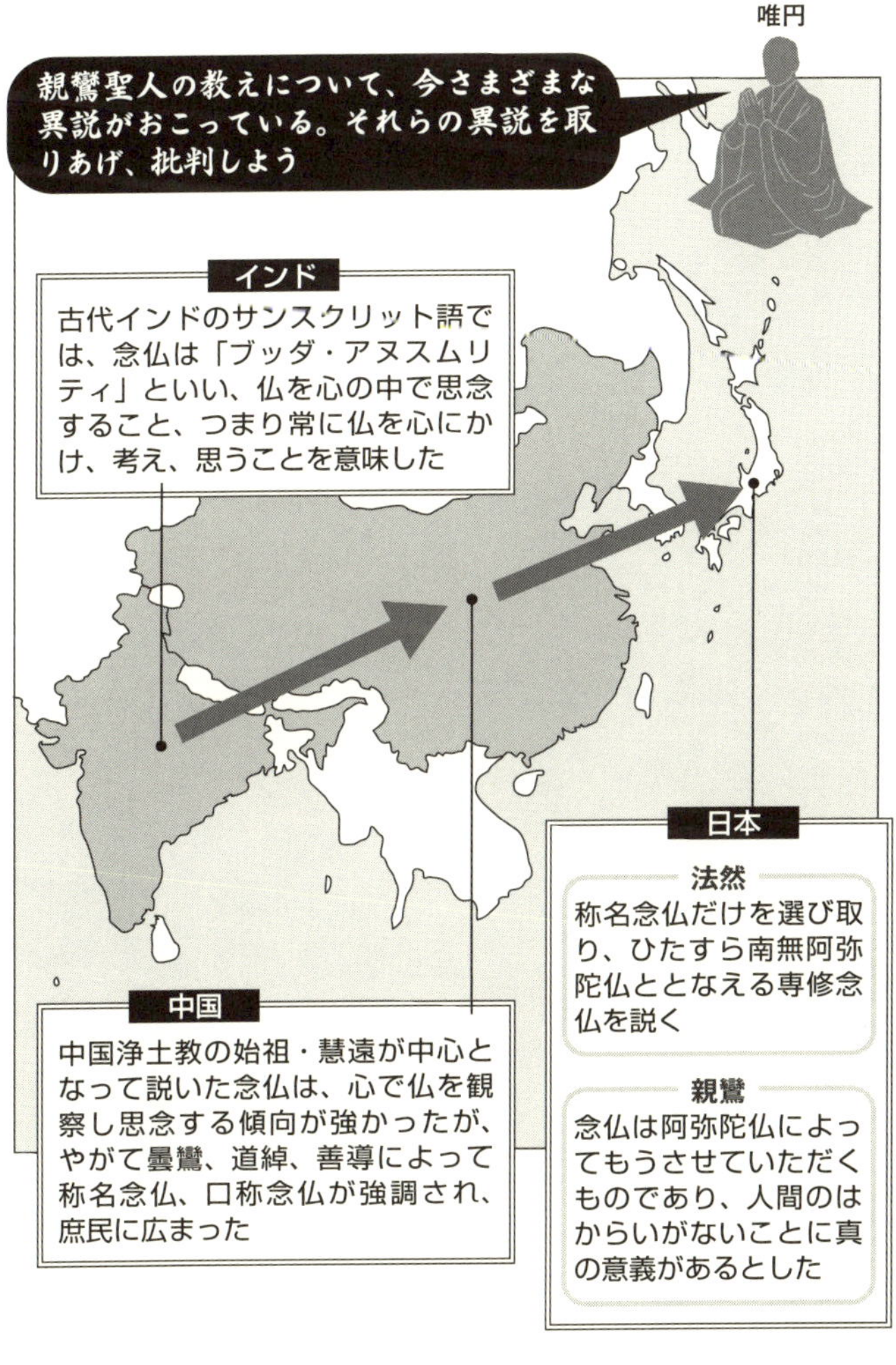
唯円
親鸞聖人の教えについて、今さまざまな異説がおこっている。それらの異説を取りあげ、批判しよう
インド
古代インドのサンスクリット語では、念仏は「ブッダ・アヌスムリティ」といい、仏を心の中で思念すること、つまり常に仏を心にかけ、考え、思うことを意味した
中国
中国浄土教の始祖・慧遠が中心となって説いた念仏は、心で仏を観察し思念する傾向が強かったが、やがて曇鸞、道綽、善導によって称名念仏、口称念仏が強調され、庶民に広まった
日本
法然
称名念仏だけを選び取り、ひたすら南無阿弥陀仏ととなえる専修念仏を説く
親鸞
念仏は阿弥陀仏によってもうさせていただくものであり、人間のはからいがないことに真の意義があるとした

第十一条

念仏もうすことは阿弥陀さまの働きかけによるのです

［現代語訳］

文字も読めない無学な人が念仏もうすのを見て、「おまえは阿弥陀さまの誓願《せいがん》（本願）の不思議な力を信じて念仏もうしているのか、それとも阿弥陀さまの名号《みょうごう》の不思議な力を信じて念仏もうしているのか」などといって驚かせ、私たちの理解をこえた阿弥陀さまのふたつの働きかけについてしっかりと説明することもせず、人の心を迷わす者がおります。

このことはよくよく心をとどめて、きちんと考えなければなりません。

阿弥陀さまは私たちの理解をはるかにこえたありがたい誓願をたててくださり、だれでもおぼえることができ、だれにもとなえやすい「南無阿弥陀仏《なむあみだぶつ》」という名号を考え出してくださいました。そしてこの名号をもうす人すべてを浄土に迎えとろうと約束してくださいました。

ですから、とにかく阿弥陀さまの深い慈悲にみたされた不思議な力に助けていただき、迷いの世界をのがれることができると信じ、念仏もうすことすら阿弥陀さまからのはからいなのだと思えば、少しも自分のはからいが入らず、阿弥陀さまの誓願のご意志に合うことになり、目ざめさせていただいて浄土に生まれることができるのです。
阿弥陀さまの誓願の力をひたすら信じさせていただいていれば、名号の不思議な力もそこにそなわっていますから、誓願と名号の力はひとつであって異なるものではないとわかってくるのです。

次に、善・悪のふたつについてですが、善い行ないは浄土に生まれる助けとなり、悪い行ないはそのさまたげとなると自分の判断で区別して考えることは、善悪を区別せずに救いとってくださる阿弥陀さまの誓願の力を信頼していないことになるのです。

自分の力によって浄土に生まれようともがくことにより、もうす念仏も自力の行にしてしまうのです。

このような人は誓願を信じないばかりか、名号がもっている不思議な力も信じていないのであります。

しかし信じていなくても、阿弥陀さまのおかげで、真の浄土ではないけれど、仮に信仰の薄い者の生まれる辺鄙《へんぴ》な浄土や、疑い深い者の生まれる暗い浄土に一旦生まれさせていただき、最後には自力の念仏をもうす者であっても遂《つい》には真の浄土に生まれさせようとしてくださる第二十願すなわち果遂《かすい》の願により、真実の浄土に生まれさせていただけるのは、やはり名号の力が働くからなのです。
このようなことは、あくまで阿弥陀さまの誓願の力によるものですから、本来、誓願と名号はまったくひとつのものであると考えるべきなのです。

［解説］
『歎異抄』の後半、いわゆる異義篇《いぎへん》の最初のテーマは、誓願の不思議と名号の不思議についてである。阿弥陀仏の誓願の不思議と南無阿弥陀仏の名号の不思議を区別して、前者を信じる者は浄土に生まれることができるが、後者を信じて名号ばかりとなえている者は自力に頼っていることとなり化土《けど》（仮の浄土）にしか行けない、という誓名別信《せいみょうべっしん》の異説に対する批判がなされる。
唯円は、このふたつを切り離して考えるべきではないと説く。
なぜなら阿弥陀仏が、誰でもとなえやすいように名号を工夫してくださり、南無阿弥陀仏の六文字をとなえるならば必ず救うと誓ってくださっているからだ。たしかに親鸞は『末燈鈔《まっとうしょう》』のなかで「誓願を信じれば、自然に名号を信じ、となえるようになるので、両者はひとつであ

名号と誓願の関係

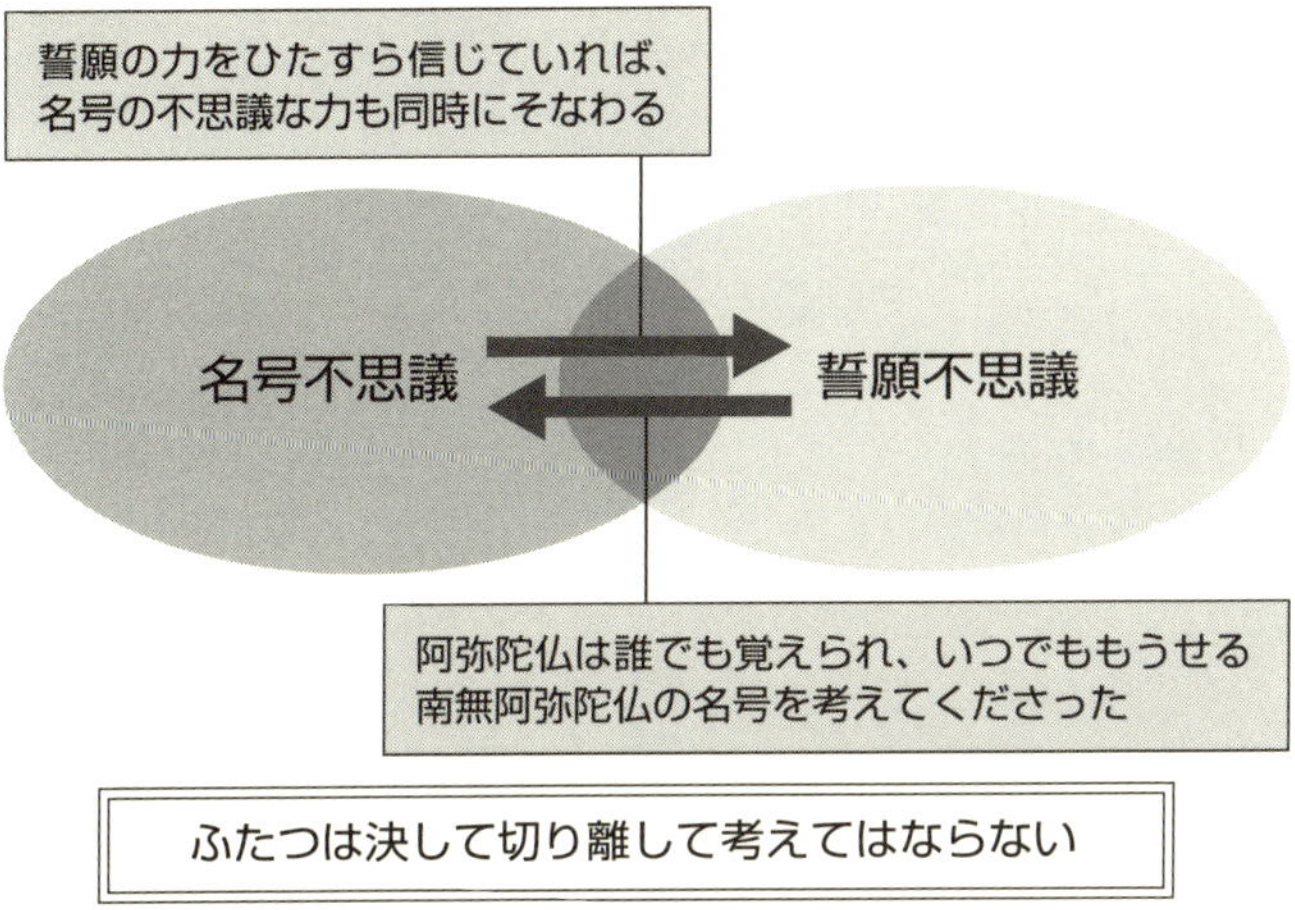
誓願の力をひたすら信じていれば、
名号の不思議な力も同時にそなわる
名号不思議
誓願不思議
阿弥陀仏は誰でも覚えられ、いつでももうせる
南無阿弥陀仏の名号を考えてくださった
ふたつは決して切り離して考えてはならない

り切り離すべきではない」と述べている。

ところで、自力の念仏もうす人が行くとされる化土とはどのようなところなのか。

原文では、自力の念仏をもうす人は辺地《へんじ》、懈《け》慢《まん》、疑城《ぎじょう》、胎宮《たいぐう》に往生するとしるされている。これらはすべて、本願を疑い自力の念仏をとなえる人の生まれる仮の浄土である。

辺地とは浄土の片すみで、懈慢とは信心がうすく、なまけてばかりいる人の生まれるところである。

また疑城とは本願を疑う人の行くところで、胎宮とは母親の胎内にいる胎児が外の光に触れられないように、仏の光を仰ぐことができない世界をいう。

しかし、このような仮の浄土に行ってそのま

さまざまな浄土

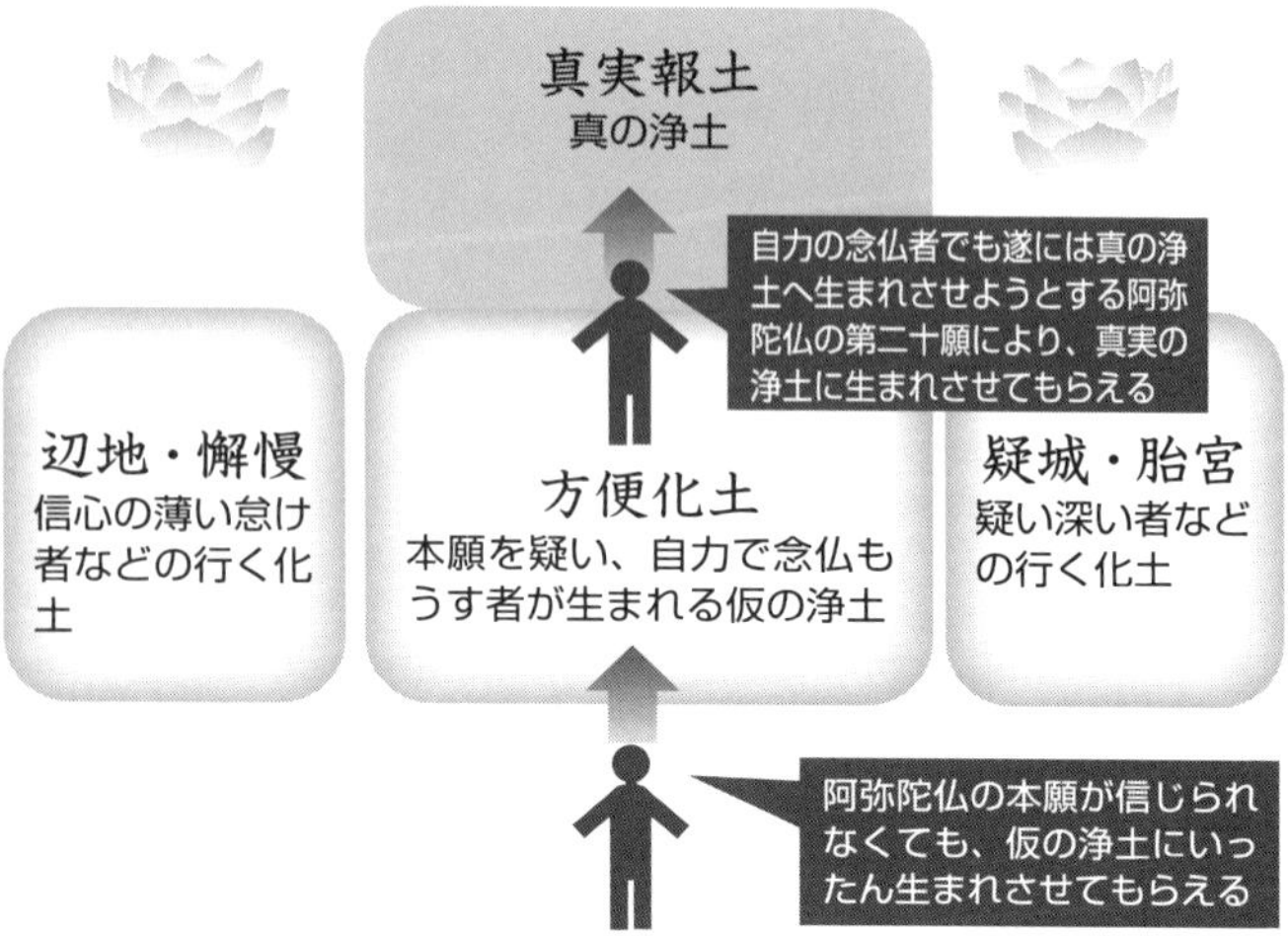
真実報土
真の浄土
自力の念仏者でも遂には真の浄土へ生まれさせようとする阿弥陀仏の第二十願により、真実の浄土に生まれさせてもらえる
辺地・懈慢
信心の薄い怠け者などの行く化土
方便化土
本願を疑い、自力で念仏もうす者が生まれる仮の浄土
疑城・胎宮
疑い深い者などの行く化土
阿弥陀仏の本願が信じられなくても、仮の浄土にいったん生まれさせてもらえる

まになるとか、結局はそこから地獄におちてしまうといっているのではない。これらの世界に生まれるのは、このような世界にしか生まれられないということでもない。

阿弥陀仏に一旦仮の浄土に生まれさせていただき、最後には真実の世界に生まれさせていただくのである。

だから方便の浄土（仮の浄土）といわれるのだ。

親鸞が真実の浄土と方便の浄土といったことは、実に深い意味をもつ。

自力の念仏をとなえる者を切り捨てず、真実の浄土に救い入れていくために説いたからである。ここに真に宗教的な慈悲の姿が隠されている。

第四章
『歎異抄』を
読み解く

第十二条

念仏のほかに学問の必要はありません

［現代語訳］

念仏をもうしていても、経典《きょうてん》や注釈書《ちゅうしゃくしょ》を読んで学問をしない人は浄土に生まれることなどできない、という人がいますが、これはまったくもって取るに足りない理屈です。

他力の教えが真実であることを明らかにしていただいたさまざまな聖教《しょうぎょう》には、本願を信じ念仏もうせば仏にしていただけると説かれています。であれば、浄土に生まれるためにどんな学問が必要だというのでしょうか。

本当にこの道理がわからないで迷っている人は、なんとか学問をして本願の趣旨を知るべきでしょう。しかし経典や注釈書を読んで学問しても、それでも聖教の本当の意味が理解できないということは、まことにあわれむべきことであります。

文字も読めず経典や注釈書の内容を知らない人でもとなえやすいように、「南無阿弥陀仏」という名号が考え出されました。これを易行《いぎょう》といいます。学問が重要視されるのは聖道門《しょうどうもん》、難行《なんぎょう》と名づけられています。

間違って学問をし、名誉欲や財欲にとらわれている人は次の世に浄土に生まれられるかどうかは疑わしい、という聖人の書かれた証拠の文もあります。

最近、専修念仏の人と聖道門の人が論争をくわだて、「自分の信じる教えこそがすぐれており、他人の信じる教えは劣っている」などといっているうちに、いつしか仏法の敵まで現われ、仏法をそしりはじめました。このようなことでは結局、私たちの教えを、みずから破りそしることになってしまうのではないでしょうか。

たとえ仏教の諸門がこぞって「念仏はとるにたりない者のためのものだ、教えも浅いし低級だ」といったとしても、決して争わず、「私たちのようにつまらぬ凡夫や文字さえ読めない者でも、ただ信じれば救われると教えていただき、信じさせていただいておりますので、すぐれた人々にはいやしい教えだと思われても、私たちには最上の教えなのです。たとえこれ以外の教えがどんなにすぐれておりましょうとも、私たちには能力がおよびませんので実践できません。私にもほかの人にも、迷いを離れさせてくださることこそが諸仏の本当のご意志なのですから、どうぞ私が念仏もうすことをさまたげられませんように」といって、憎んでいるような態度をとらなければ、だれが妨害するでしょうか。

さらには、「論争しようとすれば、さまざまな煩悩がおこる。分別《ふんべつ》のある者はこのような論争からは遠く離れなければならない」と書かれた文もあります。

今は亡き聖人は、「このような念仏の教えを信じる人々もあろうし、そしる人々もあろうとお釈迦さまも説いてくださっていたのですから、私は信じさせていただいているのです。また、そしる人があるからこそ、かえってお釈迦さまのお説きになったことが真実の教えであると気づかされるのです。ですから浄土に生まれることはいよいよたしかであるとお思いになってよいのです。もしそしる人がいなかったら、信じる人がいるのに、どうしてそしる人がいないのだろうかと、かえって不審に思えてしまうでしょう。もちろんこのようにもうしたからといって、人にそしられることを望んでいるわけではありません。お釈迦さまは教えを説く際、あらかじめ信じる人もそしる人もともにいることを承知のうえで、そしられたからといってその教えを疑わないようにと説いてくださっていたのです」とおっしゃいました。

しかし最近の念仏者のなかには、学問をすることによってそしりをやめさせようと、必死になって論議や問答をしようと身構えている人がいるようです。これはおかしいことです。学問をしようとするなら、いよいよ阿弥陀仏の本当のご意志を知り、広大な悲願の意味を知らせていただき、「自分のようにいやしい身ではとても浄土などには生まれられないのではないか」

と心を痛めている人にも、本願は、善人であろうと悪人であろうと、心が浄らかであろうと穢《けが》れていようと、区別せず救いとってくださるのですよ、と説き聞かせてあげることこそが学問をする人のつとめとなるでしょう。

たまたま素直に本願が心に響いて念仏もうすようになった人にも、「学問してこそ救われるのだ」などといっておどすのは、仏法をさまたげる悪魔であり、仏さまの怨敵《おんてき》となることです。そのような人はみずから他力を信じる心を欠くだけでなく、あやまって他人を迷わそうとする者になってしまうのです。

このように浄土に生まれるには学問が必要だなどという説は、聖人のお心にそむく教えです。ですから、つつしみ、おそれなければなりません。それは同時に阿弥陀さまの本願にもそむくことになるのですから、そのようにいう人々をあわれまねばならないのです。

［解説］

この条では、聖教を学ばないような者は浄土に往生することはできないという学解《がくげ》往生《おうじょう》と呼ばれる異説を指摘し、批判している。経典や注釈を読んで学ばなければ往生できないという教えは間違っているというのだ。

学問の有無と教えの受容度

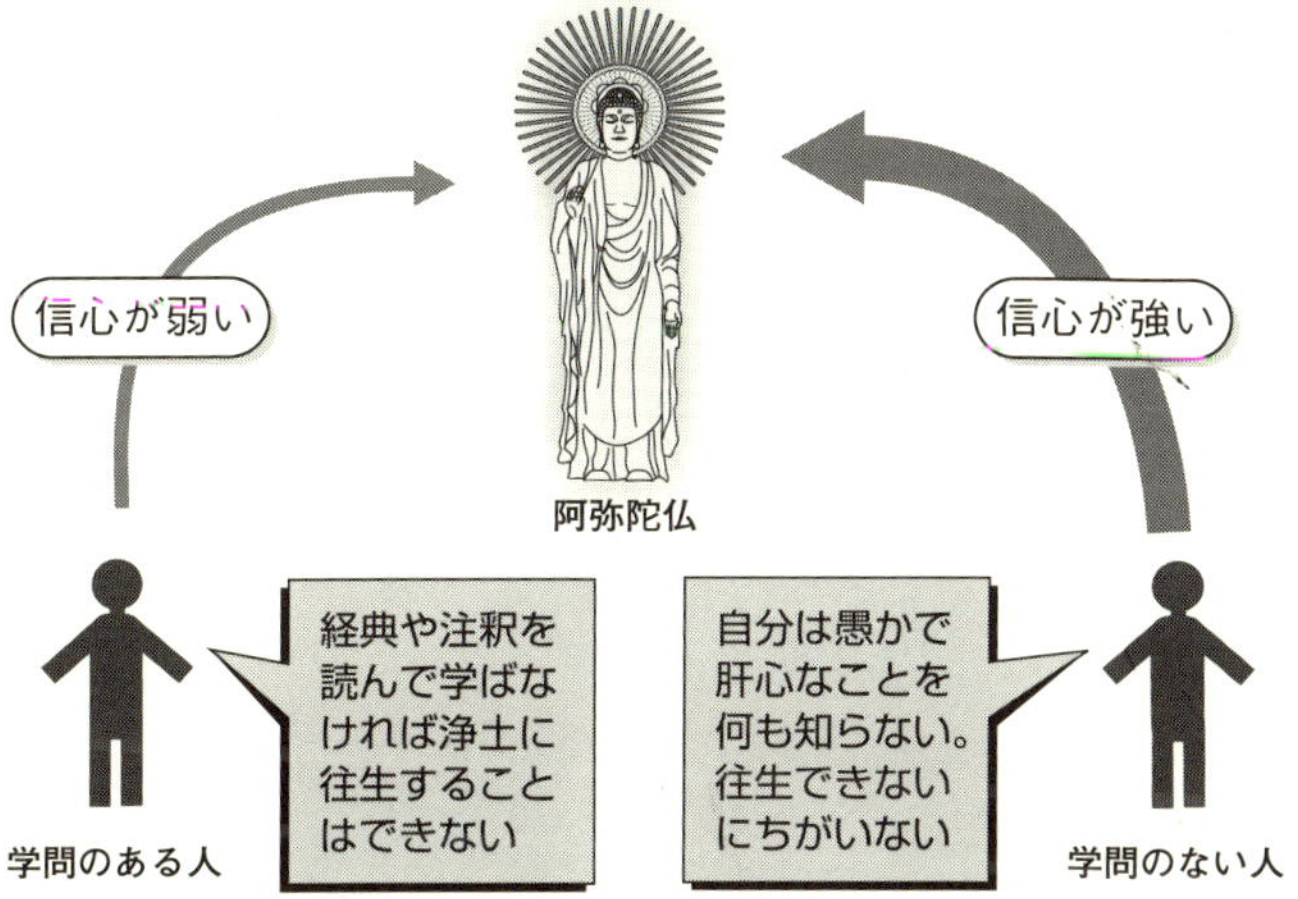

世間には学問のある人とない人がいる

▼

学問のある人はその知識が逆に求道への迷いを深め、学問のない人は何とかして往生させていただこうと他力を願うようになる

▼

学問のない人のほうが信心は強くなり、救済される可能性が高くなる

親鸞の言葉

かまえて、学生沙汰せさせたまい候わで、往生をとげさせたまい候うべし。故法然聖人は、「浄土宗のひとは愚者になりて往生す」と候いし……

（絶対に学者ぶった議論などせず、目ざめさせていただかれ、浄土にお生まれになってください。今は亡き法然聖人は「浄土の教えを信じる人は、愚者になって浄土に生まれさせていただくのです」とおっしゃいました……）

『末燈鈔』

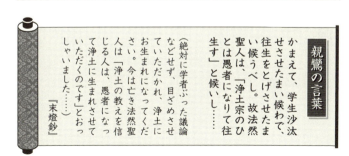

そもそも学問を中心にすえて仏道に精進するのは聖道門の教えで、難行道になる。学問をして論争などをすれば、かえって教えからはずれたり、教えをそしるようになっていく。したがって学問をしなければ往生できないというのは、阿弥陀仏に対しても、法然に対しても、親鸞に対しても反することになる、と唯円は主張するのである。

親鸞の師・法然も、臨終《りんじゅう》に際して「学問をして、念の心を悟りて申す念仏にも非《あら》ず、ただ往生極楽のためには南無阿弥陀仏と申してうたがひなく往生するぞと思《おも》ひとりて申《もう》す外《ほか》に別の仔《し》細候《さいそうら》はず」（『一枚起請文《いちまいきしょうもん》』）と一枚の紙に書き遺している。

あえて真宗の学問をするならば、阿弥陀仏の心を知り本願の意味を理解させていただくこと と、罪悪を犯している自分でも救われるだろうかと苦しんでいる人々に、本願の前にはそのようなことは問題にならないということを教えるためのものでなければならない。

また、学問がなく社会的な地位が低いにもかかわらず、本当の信仰をもっている人々を真宗では「妙好人《みょうこうにん》」と呼んでいる。

讃岐《さぬき》（香川県）の庄松《しょうまつ》（一七九九〜一八七一）もそのひとり。無学な農民の彼は、あるときいじわるをされ、『無量寿経《むりょうじゅきょう》』を読んでみろといわれた。字の読めない庄松に漢文の経典など読めるわけがない。しかし彼は「庄松を助けるぞよ、庄松を助けるぞよ」と読んだとい

学問の真偽

偽りの学問	真の学問
議論や問答のための学問。仏の意に反して、学問しなければ救われないと人々をおどすなど、仏の怨敵となる恐れもある	阿弥陀仏の壮大な救いの真意をたずね、人々を救ってくださることを多くの人々に知らせるためのもの

学問がなくても阿弥陀さまは救ってくださる。だが、もし学問をするなら真の学問を選ぶべきだ
親鸞

う。

経典の字面は読めなくても、阿弥陀仏が庄松を助けようとする本願が書かれているとずばり言い切ったのだ。

もし彼が字を読めたら、このようには読めなかったのではないだろうか。

さらに島根の浅原《あさはら》才市《さいち》（一八五〇～一九三二）は、下駄《げた》を作って生計《せいけい》を立てる晩年を送っていた。学問はなかったが、「ここに　ふしぎなこえがする　なむあみだぶつの　こえがするわしのところの　もり木のなかでさえずるこえの　をもしろさ　これを　人にもきかせたい」とうたった。学問を介することなく、阿弥陀仏の声と真意を聞いたのだ。これこそが阿弥陀仏の本願である。

第十三条

「本願ぼこり」でも救われないことはありません

［現代語訳］

阿弥陀さまの本願には、どんな悪人でも救いとってくださるという、私たちの理解をはるかにこえた力があるからといって、悪事を働くことを恐れないことは、本願を誇りあまえる「本願ぼこり」といい、このような人も浄土に生まれることはできないという異説がとなえられています。しかし、このようにいうのは、本願を疑い、この世界における善も悪もすべてが前世の行ないのむくいであるということがわかっていないからです。

善い心がおこるのも前世で行なった善い行ないがさせるのであり、悪いことを思ったり、したりするのも前世の悪い行為によるものなのです。

今は亡き聖人も「人間の犯す、兎の毛や羊の毛の先についている塵《ちり》のように小さな罪も、前世からの因縁《いんねん》によらないものはない」とおっしゃいました。またあるとき、私に向かって「唯円房は、私のいうことを信じるか」とおっしゃいましたので、「もちろん信じます」と私はもうしあげました。「では私のいうことには逆らわないね」と重ねておっしゃいましたので、つつしんで承知いたしましたところ、「ではまず人を千人殺してもらおうか。そうすれば浄土に確実に生まれられるぞ」とおっしゃるのです。「仰せではございますが、私のような人間には千人どころか一人の人間だって殺せるとは思えません」ともうしあげますと、聖人は「さてはどうした、親鸞のいうことには逆らわないといったではないか」とおっしゃり、つづけて「これでわかったでしょう。どんなことも思い通りになるのなら、浄土に生まれるために千人殺せと私に言われたら、すぐにでも殺すことができるでしょう。しかしひとりすら殺せないのは、殺すべき行為を引き起こす因となる過去の行為がないからです。自分の心が善くて殺さないのではありません。逆に殺すまいと思っても、因縁によって百人、千人を殺さざるをえないこともあるのです」とおっしゃいました。

　この仰せは、私たちが、私たちの理解をこえた本願の力によって救われるということに気づいておらず、自分の心が善ければ浄土に生まれるためによいことで、自分の心が悪ければ浄土に生まれるために悪いことだと思い込んでしまうということをおっしゃっているのです。

　聖人がいらっしゃる頃、間違った考えをもつ人がいて、「悪をおかした者を救おうとするのが本願である」といってわざと悪事を働き、それを浄土に生まれる行為だといっておりました。

ですが、やがてうわさとなって聖人のお耳に入ると、聖人はお手紙に、「薬があるからといって毒を好んで飲むようなことはしてはいけません」と書かれました。そのような間違った考えにとらわれるのをやめさせようとされたのです。

しかしこのことは、悪をおかすことが浄土に生まれるさまたげになるということをいっているのでは決してありません。聖人も、「戒律《かいりつ》を守り悪をおかさず善だけを行なう人、このような人だけが本願を信じることができるというのなら、私たちはどうして迷いの世界を離れることができるのか」とおっしゃっています。あさましい身であっても本願に出会わせていただいたからこそ、誇りをもってその恵みにあずかることができるのです。しかし、だからといって、あえて過去世《かこぜ》からの因縁によらない悪事などをおかす必要もありません。

また聖人は、「海や川で網をひき釣りをして生活する人も、野山でけものをとらえ、鳥をつかまえて命をつなぐ人も、商売をしたり田畑を耕してすごす人もまったく同じなのです」「だれであっても過去の行為の結果としてそうしなければならないという縁がもよおせば、どんなこともするものです」とおっしゃいました。しかし最近では、浄土に生まれさせていただくことを願う者のふりをして、善人だけが念仏もうすことができるといったり、あるいは道場にはり紙をして、これこれのことをした者は道場に入るべからずなどという者がいます。このような行為は、外に向かっては賢く善行にはげむふりをし、内心には嘘いつわりの心を抱いているということではないでしょうか。

阿弥陀さまの本願を誇りあまえてつくる罪も、過去の行為が因縁となってつくる罪なのです。ですから善いことも悪いことも過去の行為のむくいだと考え、それにとらわれることなくひたすら本願を頼りにすることこそが他力なのです。

法然聖人のお弟子の聖覚法印《せいかくほういん》の書かれた『唯信抄《ゆいしんしょう》』にも「阿弥陀さまがどれほどの力をもっておられるかを知ったうえで、私のような罪深い者はとうてい救われないなどと思っておられるのか」とあります。罪深い者は救われないなどというのは、阿弥陀さまの救いの力がわかっていないからなのです。阿弥陀さまの本願に誇りあまえる心があるからこそ、はじめて他力をたのむ信心も定まるというものです。

およそ自分の悪業や煩悩を滅ぼしつくして本願を信じるというのであれば、本願を誇りあまえる思いもなくてよいでしょう。しかし煩悩を滅ぼしつくすということは仏になるということであり、仏になった者には、もはや長い長い間考えぬかれてたてられた本願は意味のないものになってしまうでしょう。

本願を誇りあまえて悪いことをしてはならないといいましめる人々も、煩悩や不浄を身につけておられるようです。そのようなことこそが、願に誇りあまえていることではないでしょうか。するとー体どのような悪を本願ぼこりとし、どのような悪を本願ぼこりではないとするのでしょうか。本願ぼこりをよくないとすることは、かえって幼稚《ようち》な考えではないでしょうか。

［解説］

この条で指摘される異説は、本願ぼこりは往生《おうじょう》できないとする教えである。

本願ぼこりとは罪悪を怖れないことを意味する。当時は本願を誇りに思って、これに甘え、つけあがる行為を働く人が少なくなかった。そしてそうした人は救われないと非難する見方があったのだが、唯円はこれを逆に批判し、本願ぼこりであっても救われると主張したのだ。

このような考えがどうして生まれたのかというと、親鸞の宿業《しゅくごう》観に根拠があるといえる。宿業とは文中にもあるように、善い心がおこるのはその人が善人だからではなく、前世で行なった善い行ないによるのであり、悪いことをするのも前世の悪い行為によるという考え方をいう。どんな善行も罪科も、前世からの因縁によるというのである。前世とか来世を考えられない現代人には理解しにくいかもしれないが、仏教では善悪が長いスタンスで徹底して考えられているのである。

宿業とは

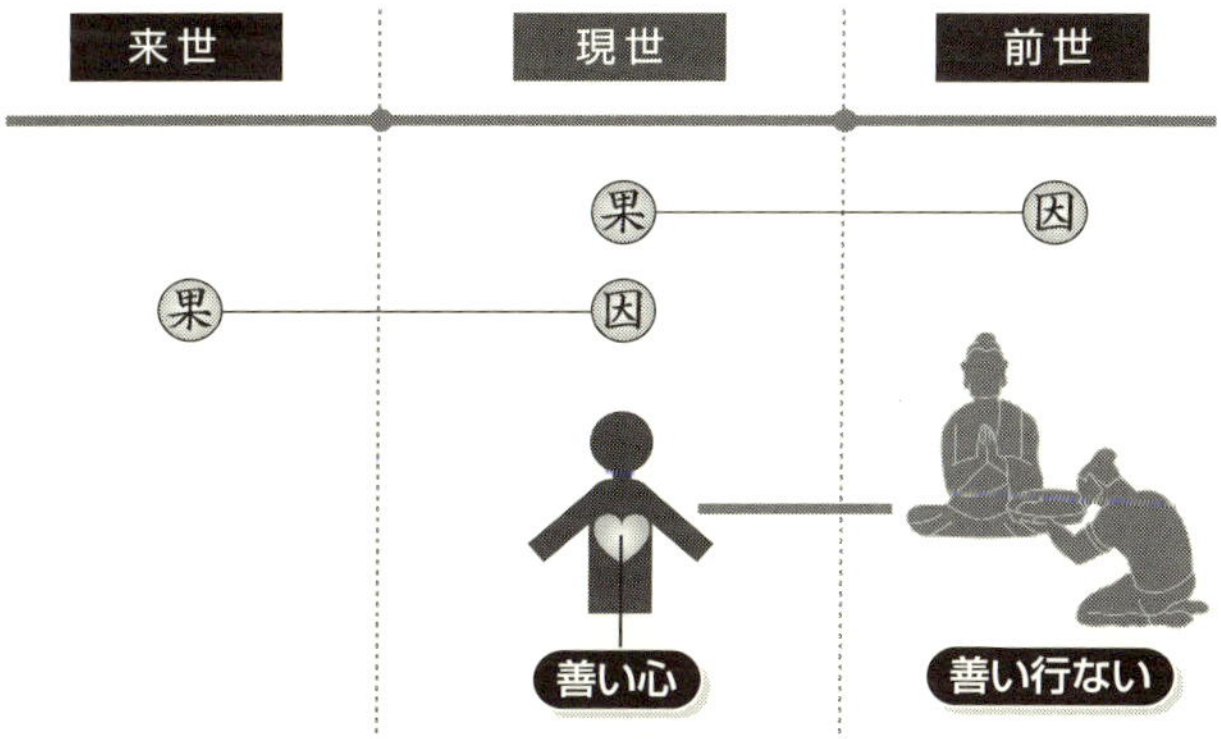

前世で行なった善悪の行為が現世で報いとして現れる

また、「一人の人間すら殺せないのは……自分の心が善くて殺さないのではない。逆に殺すまいと思っても、因縁によって百人、千人を殺さざるを得ないこともある」という親鸞の言葉は、戦争の不条理《ふじょうり》の一面を衝《つ》いており、現代においても再考される価値が十分ある。戦争という人間の理解を超えた歴史の不条理、人間の考える善悪などの問題は、一度本願という宗教的なあり方のなかで根本的に考えてみる必要があるとも思われる。

さて唯円は、「前世の因縁によらない悪事を犯して浄土に生まれよう、それが悪人を救う阿弥陀仏の本願である」と思いちがいする者に対し、「薬があるからといって毒を好んで飲むようなことをしてはいけません」という親鸞の言葉をしめして警告する。しかしいっぽうで、悪を犯すことが救いのさまたげになるわけではないともいっている。

ここからは、易行であるがゆえ誤解におちいりがちな他力の教えの難しさに、唯円が苦悩していることがよくわかる。

唯円はまた、殺生《せっしょう》を生業《なりわい》にせざるを得ない漁師や猟師、商《あきな》いや農耕を生業にする人に対し、過去の行為の縁によって現在そうした姿をしていても、今、阿弥陀仏の本願に帰せばそれでよいという。

たとえば殺生をしてきたから救いが困難になるとかの問題ではなく、救いは一方的に本願によるのだからそれでよいというのだ。過去の行為や過去の善悪は、本願の前には問題にならないというのである。

さらに、残念なことではあるが、人間は大きな善に気づかず、小さな善にばかり目が向く傾向がある。

善人しか救われない、善人だけが念仏をとなえられるなどといったりして、道場にはり紙をし、善人以外を排除しようとしたりする。

このような人間に見られる虚偽を唯円は指摘し、常識的な善悪観を繰り返し批判する。本願

宿業をめぐる親鸞と唯円の問答

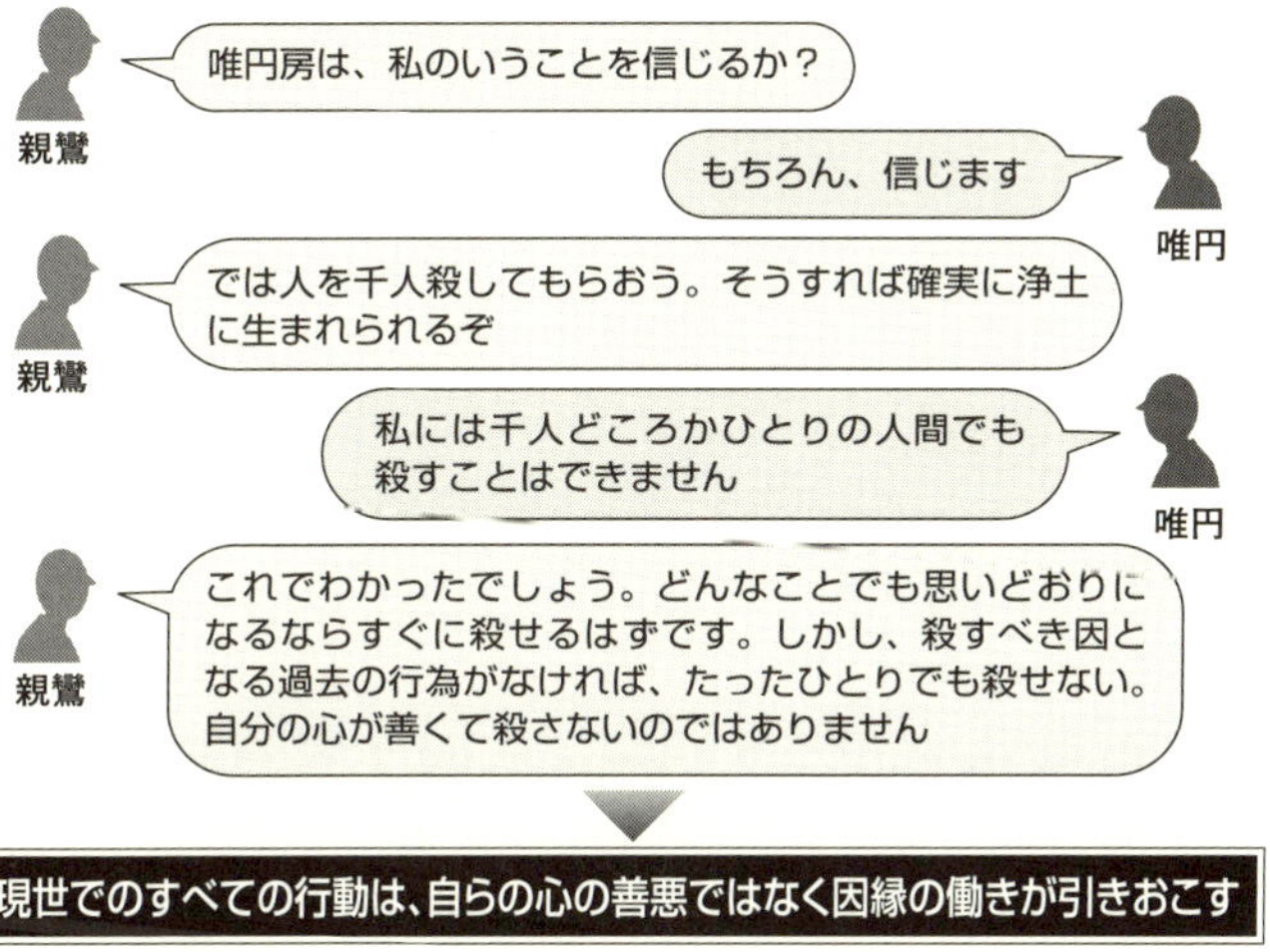
親鸞
唯円房は、私のいうことを信じるか？
もちろん、信じます
唯円
親鸞
では人を千人殺してもらおう。そうすれば確実に浄土に生まれられるぞ
私には千人どころかひとりの人間でも殺すことはできません
唯円
親鸞
これでわかったでしょう。どんなことでも思いどおりになるならすぐに殺せるはずです。しかし、殺すべき因となる過去の行為がなければ、たったひとりでも殺せない。自分の心が善くて殺さないのではありません
現世でのすべての行動は、自らの心の善悪ではなく因縁の働きが引きおこす

がわかったように思い込み、思いあがって自分を善人だと思い込む。

他力に入りながら自力に戻ってしまう人間の悲しい面を歎きつつ、他力に引き戻そうとするのである。

人間の宿業の深さと本願の深さの双方を感じているからこそできることであろう。

自力による人は、ある意味で自信家である。自信家はどうしても他人を責めることになる。すると、阿弥陀仏はただ私を信じ念仏もうすのみで救うと誓っておいでになるといい、それだけでは不足ではないかと心配して善行に励む人を責める。

あるいはどんな悪人でも救ってくださるからといって罪悪を怖れない、つまり本願を誇って、

本願ぼこりが弁護される理由

本願ぼこり

阿弥陀仏の本願は、地獄におちるような悪人こそを救いの対象にしているから、悪いことをしたほうが救われるという曲解された信仰

世間の人々

本願ぼこりは決して善いことではない

唯円

本願ぼこりを非難する人々の考え方は間違っている。本願ぼこりのような人々も救うのが阿弥陀仏の本願なのである

これに甘え、つけあがってしまう「本願ぼこり」の人も許せなくなり責めてしまう。

こうして善行を行なう人、悪業を重ねる人、その両者を責める自力の思いが、結局は自分を責めることになっていく。

人は善行を行なおうとすればこれができ、悪事を行なおうとすればこれもできるというものではない。いろいろな縁によって現在の自分があるのであり、単なる自分の思いによるものではないのだ。

この思うようにならないわが身を、そのまま阿弥陀仏にゆだねよと唯円はいう。

今のままの姿で阿弥陀仏は救いとってくださるというのである。本願ぼこりの人も例外ではない。

第十四条

念仏もうすことは罪を消すことではありません

［現代語訳］

たった一度念仏もうすだけで、八十億劫《はちじゅうおくこう》という長い間迷いの世界で苦しまねばならない重罪を消してしまうことができると信じよ、という念仏滅罪《ねんぶつめつざい》の異説があります。

この異説は、十悪《じゅうあく》や五逆《ごぎゃく》を犯す罪人が日頃念仏をもうさなくても、臨終のときはじめて高僧に導かれ、一度念仏もうせば八十億劫の罪を消し、十度もうせば十倍の八百億劫の重罪が消え、浄土に生まれることができる、というものです。

十悪や五逆がどんなに重罪なのかを自覚させるために、一念《いちねん》・十念《じゅうねん》などといっているのでしょうか。しかしこのような見方は、念仏には罪を消す働きがあるという「念仏滅罪の利益《りやく》」であって、私たちが信じている他力の念仏には遠くおよびません。というのも、私たちは阿弥陀さまの光に照らされ本願を信じさせていただこうという心がおこると同時に、ダイヤモンドのような堅い信心をいただくのですから、すでに浄土に生まれさせていただくことが決定された人々の仲間に入れていただくのです。ですから命つきるとき、私たちがこの世界で作った煩悩や罪悪の障《さわ》りをもったままで仏にしていただけるのです。

もしも阿弥陀さまのこの悲願がなければ、私たちのようなあさましい罪人はどうして迷いの世界から離れられるのだろうかと思い、一生の間もうす念仏はすべて阿弥陀さまの深い慈悲の恩にむくいる念仏、その徳に感謝する念仏であると思わねばなりません。

念仏もうすたびに罪を消せると信じることは、すでに自分の力で罪を消して浄土に生まれようとはげむ自力の行為にほかなりません。もしそうならば、一生の間に思うことはすべて迷いの世界に縛りつけるものばかりですから、臨終に至るまでたえずおこたりなく念仏をとなえつづけて浄土に生まれようとしなければなりません。

とはいえ、私たちは過去の行為のむくいのために自分の思いどおりには生きられない。どんな思いがけないことにあい、また病気の苦しみにせめたてられ、死にのぞんで心乱され本願を喜ぶことなく死んでいかねばならないかも知れません。そうした場合、念仏をとなえることはむずかしくなってしまうのです。念仏をとなえられない間の罪はどうして消せばよいのでしょう。罪が消えないから、浄土に生まれられないというのでしょうか。

これに対し、すべてのものを救いとって捨てないという阿弥陀さまの本願を信じ、自分を仏さまにゆだねていれば、どんなに思いがけないことがおこって罪を犯し念仏をもうせずに死ぬことになっても、すみやかに浄土に生まれさせていただけるのです。
また臨終に念仏もうすことができたにせよ、その念仏は浄土に生まれて悟りを開かせていただくそのときが近づくにしたがい、いよいよ阿弥陀さまに身をゆだね、そのご恩にむくいるための感謝の念仏なのです。罪を消そうと思って念仏をとなえるのは自力の心であり、臨終に際して心を乱さずに念仏をとなえられるよう祈る人の本意ですから、すべてを阿弥陀さまにゆだねる他力の信心とはちがうのです。

［解説］
念仏滅罪という教えがある。八十億劫という長い間、迷いの世界をさまよわねばならないといわれる重罪を、たった一度念仏をとなえれば一気に消し去ってしまう功徳《くどく》を信じよというものだ。
この条ではそれを異説として批判し、念仏は罪を消すものではなく本願に感謝するものであると主張している。
唯円によれば、念仏が罪を滅ぼすという考えは『観無量寿経《かんむりょうじゅきょう》』の意味を取り違えることからおこっている。たしかにこの経典には、一念に八十億劫、十念に十八十億劫（八百億劫）の罪が滅すと書いてある。だが、これは十悪五逆の罪（父母殺しなどの最悪の罪）の軽重《けいちょう》を知らせるためのもので、念仏をとなえた回数に比例して功徳が増えるなどという念仏の利益を説いたものではない。つまり念仏の功利性を説いたものではないというのである。このような間違ったとらえ方は、自分の力を過信することから生まれてくるのであり、自力の念仏にほかならないと唯円は指摘する。

これに対し、本当の他力の念仏をもうす者は、本願を信じたときに阿弥陀仏によって浄土に生まれることが決定された人々、つまり正定聚《しょうじょうじゅ》の仲間にしていただける。親鸞も真実の信心をいただいた人は、阿弥陀仏が必ず救い取ってお捨てにならないので、正定聚の仲間に入れてもらって生きることになる。もう臨終も来迎も関係ない。信心が定まったときに往生も定まるといっている。

煩悩や罪悪がどんなに多くても一向にかまわない。もったまま救われるのであるから、罪を滅ぼす必要もない。たとえば病に苦しみ、臨終に念仏をもうせなくてもかまわない。そのまま仏の方から浄土に生まれさせてくださり、浄土で仏にしていただけるからである。他力の念仏は、ただ感謝するところから生まれるべきものなのだ。

念仏と滅罪の関係

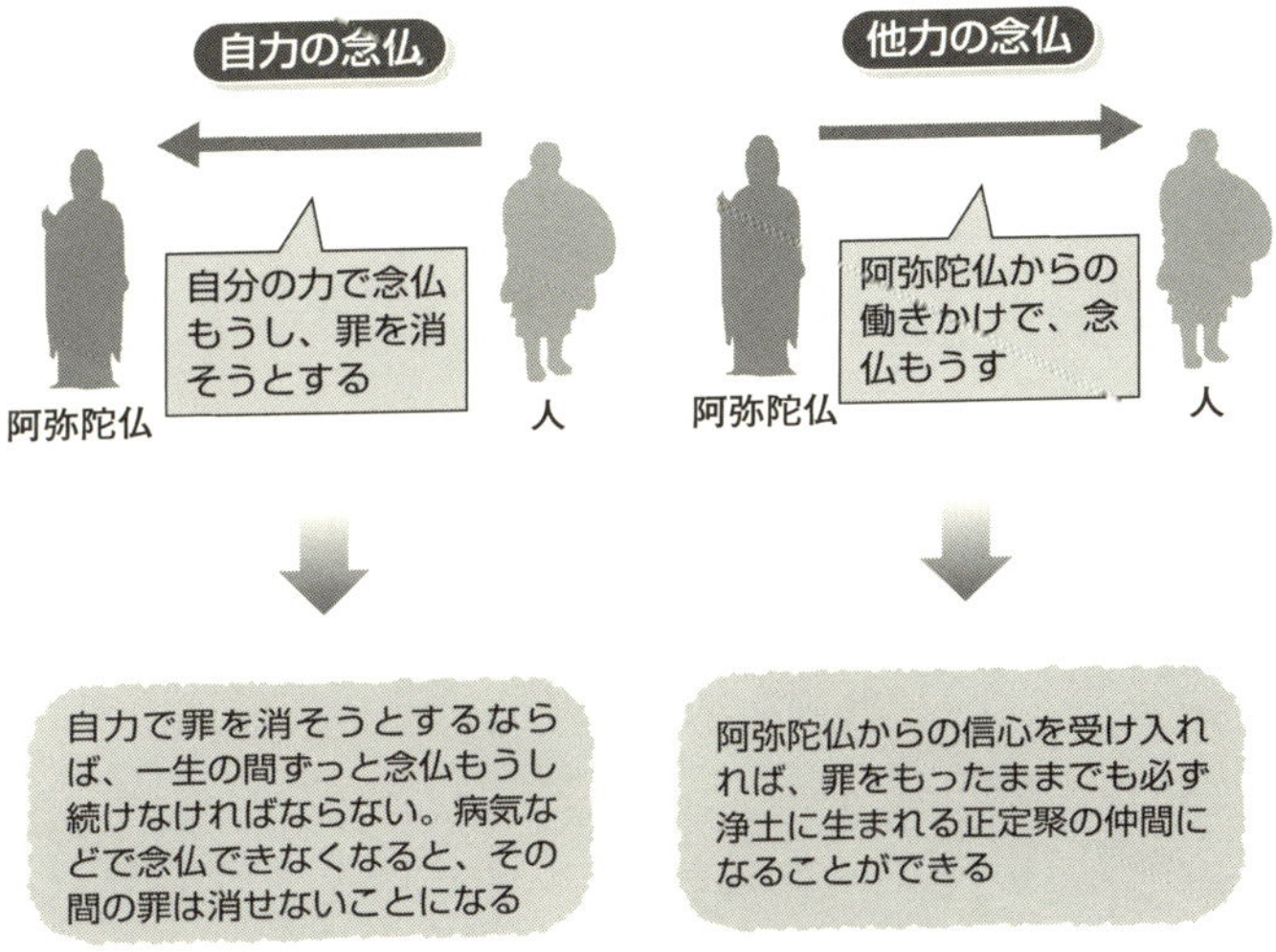
自力の念仏
自分の力で念仏もうし、罪を消そうとする
阿弥陀仏
人
自力で罪を消そうとするならば、一生の間ずっと念仏もうし続けなければならない。病気などで念仏できなくなると、その間の罪は消せないことになる
他力の念仏
阿弥陀仏からの働きかけで、念仏もうす
阿弥陀仏
人
阿弥陀仏からの信心を受け入れれば、罪をもったままでも必ず浄土に生まれる正定聚の仲間になることができる

念仏もうして罪を消そうとする必要はない。ただひたすら感謝し、念仏もうせばよい
親鸞

親鸞の言葉

真実信心の行人は、摂取不捨のゆえに正定聚のくらいに住す。このゆえに、臨終まつことなし、来迎たのむことなし。信心のさだまるとき、往生またさだまるなり。

（阿弥陀さまは救いとってくださり捨てるということはなさいませんから、真実の信心をいただかれた人は、目ざめさせていただき、浄土に生まれることの決まった人々の仲間のなかで生きるのです。もう臨終を待つ必要もなく、来迎の儀式をたのむ必要もありません。信心をいただいたとき、浄土に生まれることが決定するのです）

『末燈鈔』

第十五条

悟りは浄土に生まれてから開かせていただくのです

［現代語訳］

煩悩をもつ身でありながら、この世でさとりを開くことができるなどという異説は、もってのほかのことです。

この身のままこの世で仏に成るという即身成仏《そくしんじょうぶつ》は、真言密教《しんごんみっきょう》の教えの根本であり、身《しん》、口《く》、意《い》を働かせ、種々の行を積んで煩悩を滅ぼした結果として得られるさとりです。眼、耳、鼻、舌、身、意の六根《ろっこん》を清浄《しょうじょう》にする六根清浄は、『法華経《ほけきょう》』で説かれる唯一無二の四安楽《しあんらく》所説で、身と口と心を清浄にし、命あるものすべてをさとりに導く願いをおこすという四安楽の行を達成した結果として身に感じとる功徳です。

これらはみな実践が困難な行で、すぐれた人たちだけが精神を集中し、行に徹することによって得られるさとりです。

これに対し、来世で浄土に生まれさせていただき、阿弥陀さまの力でさとりを開かせていただくというのが他力浄土門の根本的な教えです。これは他力の信心が定まってはじめて得られる道です。

この教えは易しい行であり、能力のない者でも行なうことができ、善人も悪人もわけへだてなく救われる教えなのです。

およそ、この世で煩悩や悪障《あくしょう》を断ち切ってしまうようなことなど到底できませんので、真言や法華の教えによって修行なさっている聖僧といわれる方々も、来世に浄土に生まれてさとりを開きたいと祈っておられるのです。まして戒律を守れず、さとりを開く智恵もない私たちが、この世でさとりを開くことなどできるはずがありません。

しかし、こんな私たちですが、阿弥陀さまの本願という船に乗せていただき、この苦しい迷いの海を渡らせてもらって浄土の岸に着かせていただければ、煩悩の黒い雲はあっというまに晴れあがります。

そしてさとりの月がたちまちに現れ、さまたげられることなく全世界を照らす阿弥陀さまの光明と一体になって、すべての人々に恵みをもたらすことでしょう。そのときにこそ、悟りを開かせていただくのです。

この身このままこの世で悟りを開くとおっしゃる方は、釈尊《しゃくそん》のようにいろいろな人々を救うため、さまざまな姿に身を変えてこの世に現れ、仏の身にそなわる三十二の特徴や、さらに細かい八十の特徴をそなえて説法をなさったり恵みをもたらすことがおできになるというのでしょうか。おできになるのであれば、現世で悟りを開くお手本になるのでしょうが。

聖人のお作りになった『高僧和讃《こうそうわさん》』に、「ダイヤモンドのように堅固な信心が定まったそのときにこそ、阿弥陀さまの慈悲の光に摂取され、護られ、永遠に迷いの世界から遠ざかるのです」とあるように、信心が定まるとき、阿弥陀さまは私たちを救いとって決してお捨てになりません。ですから、もはや六道《ろくどう》に輪廻《りんね》するようなこともなくなる。永遠に迷いの世界から遠ざからせてくださるのです。

しかし、この教えをこの世で悟ることと混同することは間違いで、まことに歎かわしいことだといわねばなりません。「浄土の真の教えにおいては、この世で本願を信じ、浄土に生まれて悟りを開かせていただくのだ、と法然聖人に教わりました」と、今は亡き親鸞聖人はおっしゃってくださいました。

［解説］

この条では、この身このままで仏になることができるという即身成仏の教えが批判され、親鸞の教えにおいては、この世で本願を信じ浄土に生まれさせていただいてから悟りを開いて仏にしていただくのだと主張される。

そもそも現世で悟りを開いて仏になるという教えは、真言宗《しんごんしゅう》の即身成仏や天台宗《てんだいしゅう》の法華一《いち》乗《じょう》の思想にもとづいている。即身成仏は身、口、意の三つの秘密の働きによって仏と一体になり、この身このまま仏になるという。法華一乗とは『法華経』に説かれるすべてのものを仏にするという教えで、身、口、意を清らかにすることによって過ちを離れ、人々を悟りに導く誓いをおこすことである。

しかし、これらの教えはきわめて困難な行であり、一部の人にしかできない。したがって煩悩に縛られ、支配され続けている一般の人には到底無理である。

親鸞も『一念多念文意《いちねんたねんもんい》』において「『凡夫《ぼんぶ》』というは、無明煩悩、われらがみにみちみちて、欲もおおく、いかり、はらだち、そねみ、ねたむこころ、おおくひまなくして、臨終の一念にいたるまで、とどまらず、きえず、たえず」と告白している。つまり臨終まで煩悩を消すことのできない人間に即身成仏などできるはずはなく、ただ阿弥陀仏の本願で浄土に生まれさせていただき、その浄土で悟りを開き、仏にしていただくしかないというのである。

ではなぜ、そうした親鸞の教えから即身成仏の異説が生じたのだろうか。

即心成仏・六根清浄の教え

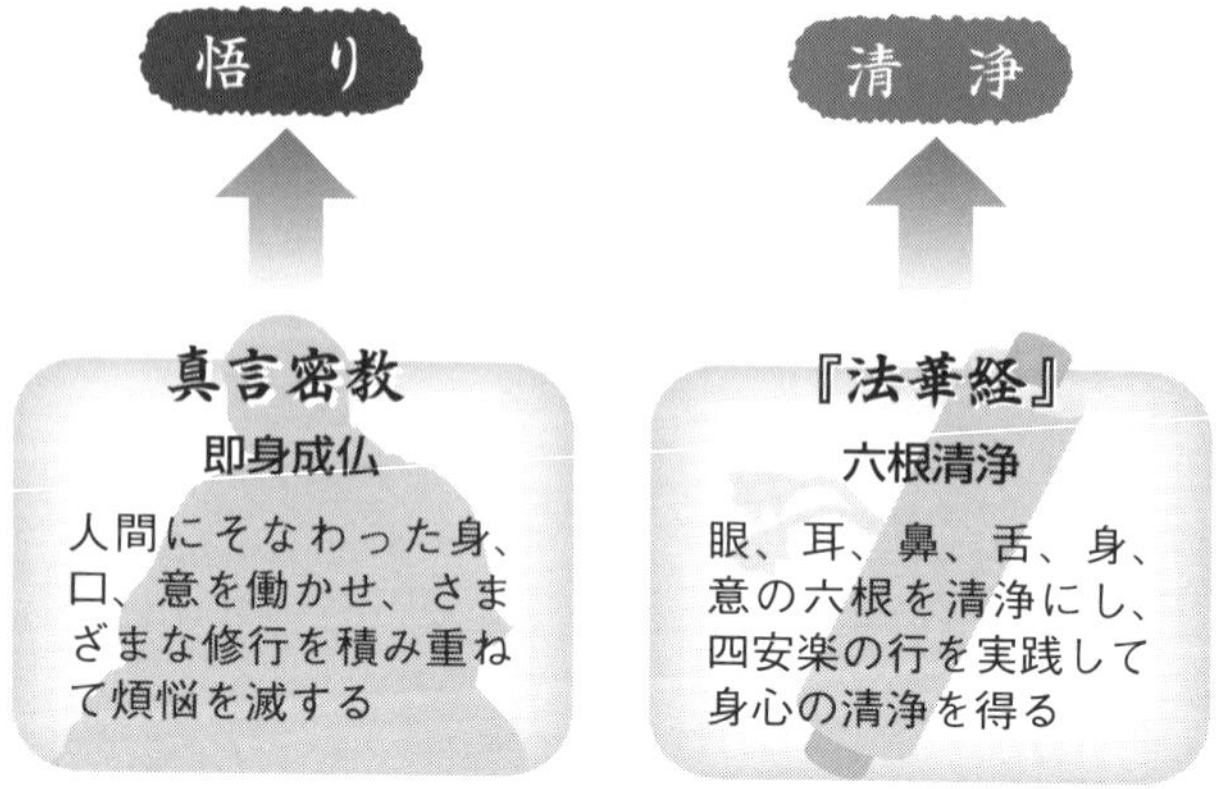
悟り
清浄
真言密教
即身成仏
人間にそなわった身、口、意を働かせ、さまざまな修行を積み重ねて煩悩を滅する
『法華経』
六根清浄
眼、耳、鼻、舌、身、意の六根を清浄にし、四安楽の行を実践して身心の清浄を得る

どちらの教えもきわめて困難な行であり、一部のすぐれた人にしか成し遂げられないといわれている

実は親鸞は、「阿弥陀仏から信心をたまわった人は如来《にょらい》に等しい」とか「弥勒《みろく》と同じである」と表現したことがある。このような表現が誤解を生み、真言宗や天台宗の影響が強かった東国で「如来と等しい」＝「如来（仏）になれる」と解釈されてしまったと考えられている。

しかし、如来と等しいということは、如来の方から見ていえることであり、救われる人のほうから見れば、依然として煩悩をもったままである。如来の力で等しくしていただいてはいるが、悟りを開き、仏になるということは浄土においてはじめて可能になるのだ。

唯円はこうして、他力の教えを真に理解することがいかに難しいかを身をもってしめしているのである。

親鸞が説く悟り

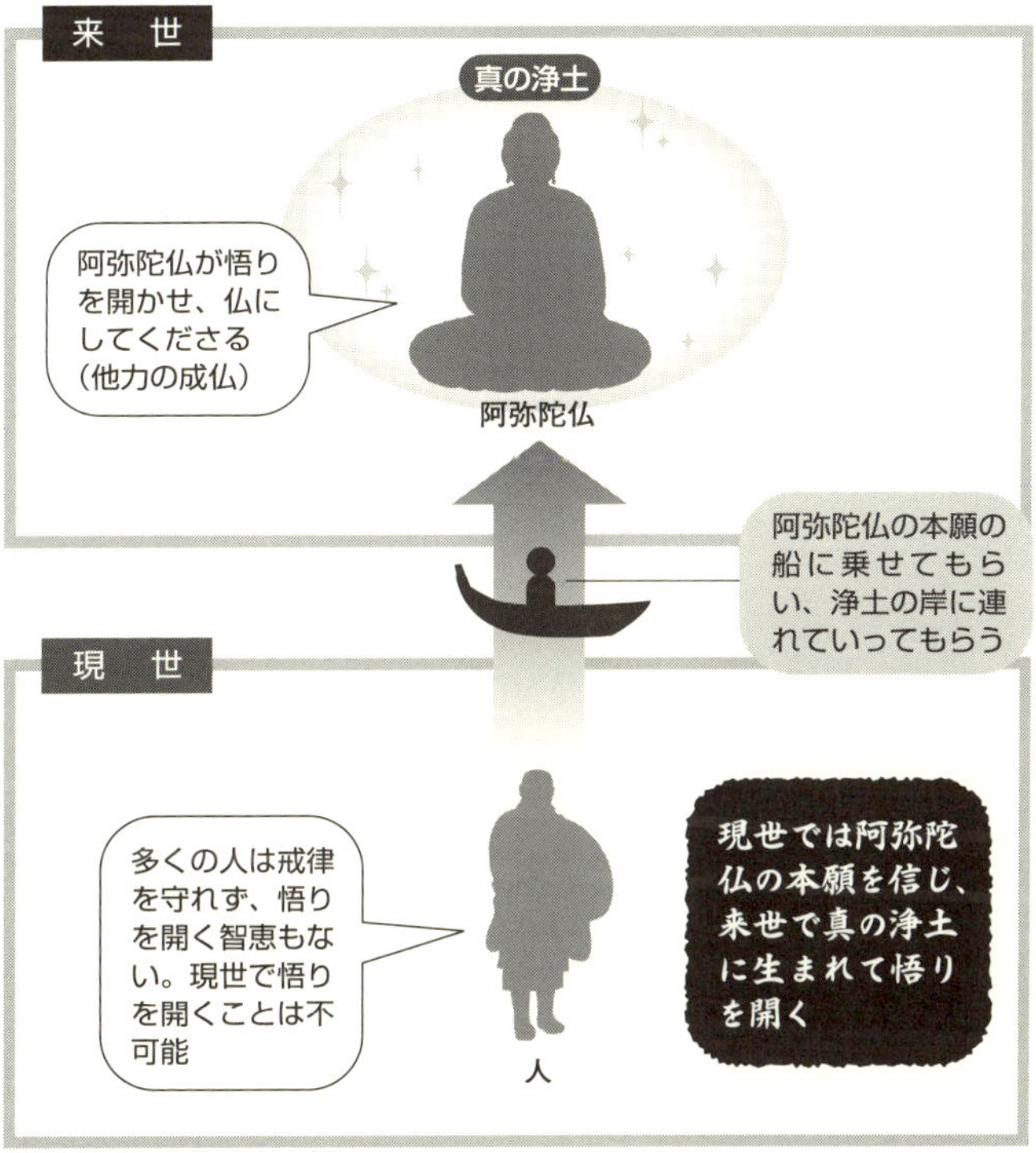

親鸞の言葉

小慈小悲もなき身にて
有情利益はおもうまじ
如来の願船いまさずは
苦海をいかでかわたるべき

（小さな慈悲すらもちあわせていないこの身で、自力によって人を利益しようなどとは思うまい。阿弥陀さまにこの船に乗りなさいといっていただかなければ、どうして私たちは苦海をわたることなどできましょうか）

『正像末和讃』

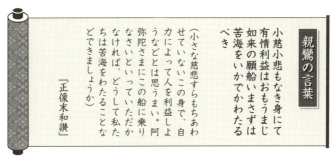

第十六条

回心はただ一度あるだけです

［現代語訳］

本願を信じ念仏もうす人が、たまたま腹を立てたり悪いことをした場合、あるいは同じ念仏もうす仲間と口論したりした場合、そのたびに必ず悔いあらためて回心《えしん》しなければならないという異説がありますが、このことは悪事を断ち、善事をなすべしという自力にあたるのではないでしょうか。

ひたむきに阿弥陀さまの願いを信じ、ただただ念仏もうす人において、回心は一回しかありません。

回心とは、本願他力の教えの根本的な意味を知らなかった人が、阿弥陀さまの智恵をいただき、ふだんの心ではとても浄土には生まれられないと気づいて、それまでの自分の心を捨て、本願を心から頼むようになること。このことをいうのです。

もし、あらゆることについて朝に夕に回心し、悪を断ち、善を行なってはじめて浄土に生まれることができるのであれば、人の命などは吐いた息が吸い込まれるまでに終わってしまうようなものですから、回心する時間もなく、安らかで落ち着いた心になる前に死んでしまうかも知れません。

とすれば、阿弥陀さまの摂取不捨《せっしゅふしゃ》の誓《ちか》いは空しいものになってしまうのではないでしょうか。そのつど回心せよという人は、口では阿弥陀さまの本願の力をお頼みするといいながら、内心では悪人を救おうとする願が人の理解をこえたどんなにありがたいものだといっても、やはり善人だけを救おうとなさっているのだと思っているのです。

ですから本願の力を疑ってしまい、他力を頼む心に欠け、本当の浄土ではなく仮の浄土にしか生まれられないということになるのです。もっとも歎かわしいことだとお思いにならねばなりません。

信心が定まったならば、浄土に生まれさせていただくのは阿弥陀さまにしていただくことですから、自分ではからう必要はなくなります。ですから、自分が悪いことをしても、ますます阿弥陀さまの願いの力を仰ぎ信じさせていただくならば、自分のはからいの入らない他力の道理によって、おのずと安らかで苦労に耐えられる心も生まれてくるのです。

浄土に生まれさせていただくためには、どんな場合にもこざかしい思いを捨てて、ただほれぼれと阿弥陀さまのご恩の深く重いことを常に思い出させていただかねばなりません。そうすれば、念仏もおのずともうすことができるようになります。

これが自然《じねん》ということなのです。

自分のはからいを加えないことを自然といい、これがすなわち他力ということなのです。自然ということを他力とは別にあるように物知り顔でいう人がいると聞きますが、実に歎かわしい限りです。

［解説］

腹を立てたり悪事を働いた場合、多くの人は反省し、心をあらためようとするであろう。念仏者の中にも、そういうときにはきちっと懺悔《ざんげ》し、もう一度回心し直すべきだと主張する者がいる。だが、この条ではその教えを異説として批判している。

回心とは、親鸞が『唯信鈔文意《ゆいしんしょうもんい》』で「自力の心をひるがえし、すつるをいうなり」と述べているように、自力の心をあらため、これを捨てることを意味する。阿弥陀仏にわが身をゆだね、信心をたまわったならば、もはや自力の心は必要なくなるからだ。

一見、懺悔し心をあらためることは善いことのように思われる。だが、それでは本願に身をまかせきってはおらず、逆に本願を疑ったり、念仏を道徳化していることになる。

もしこのような立場に立つならば、回心ばかりしていなければならず、安らかな心になる前に死んでしまうかも知れない。それでは阿弥陀仏の本願はかえって空しいものになり、本願を疑うことによって、仮の浄土である辺地《へんじ》にしか生まれられないことになるのである。

親鸞は、回心は一度だけのことだという。一度回心させていただいたならば、あとはすべてをまかせきらなければならないからだ。それが真に信じるということである。

事実、『教行信証《きょうぎょうしんしょう》』に「しかるに愚禿釈《ぐとくしゃく》の鸞《らん》、建仁辛《けんにんかのと》の酉《とり》の暦《れき》、雑行《ぞうぎょう》を棄てて本願に帰す」とあるように、親鸞の回心は建仁元（一二〇一）年、二十九歳のときのただ一度だけであった。

一度回心をさせていただいたならば、あとは感謝があるのみ。感謝すれば、自然に念仏が出てくる。すでに自力の心から離れさせていただいているのである。

ここで自然《じねん》ということに触れておきたい。親鸞は自然法爾《じねんほうに》ということをいった。八十六歳のときの書簡に「自然というは、自はおのずからという、行者のはからいにあらず、然というはしからしむということばなり。しからしむというは、行者のはからいにあらず」という一文がある。

この自然という言葉は、現代人が使う「自然」とはまったく意味がちがう。自然の「自」は

親鸞の信じる回心

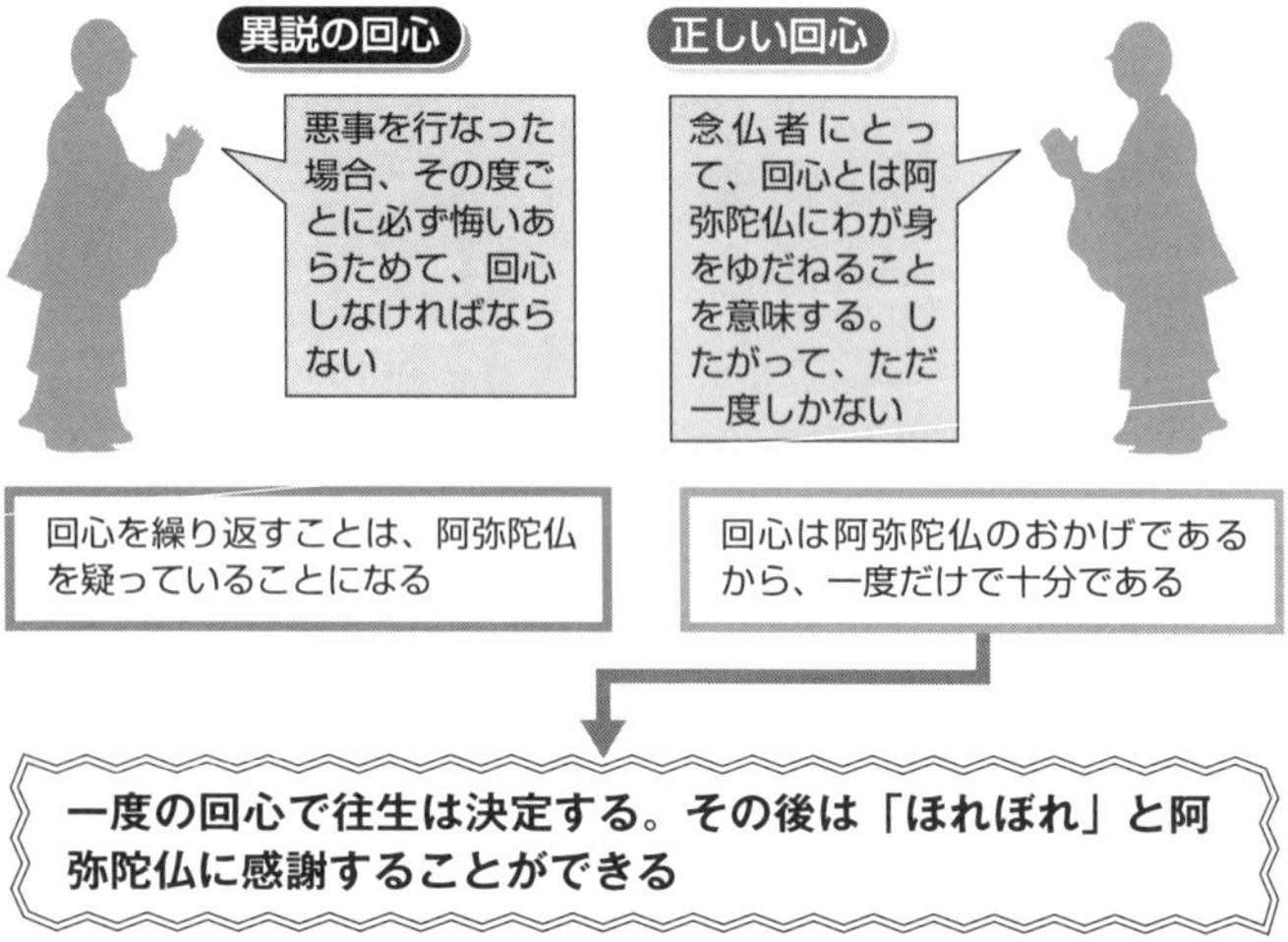
異説の回心
悪事を行なった場合、その度ごとに必ず悔いあらためて、回心しなければならない
回心を繰り返すことは、阿弥陀仏を疑っていることになる
正しい回心
念仏者にとって、回心とは阿弥陀仏にわが身をゆだねることを意味する。したがって、ただ一度しかない
回心は阿弥陀仏のおかげであるから、一度だけで十分である
一度の回心で往生は決定する。その後は「ほれぼれ」と阿弥陀仏に感謝することができる

おのずからという意味であり、人間の側のはからいではない。「然」とはそのようにさせるという言葉であって、やはり人間の側のはからいではない。

では誰のはからいかというと、親鸞は「如来の誓いにてあるがゆえに、法爾という」と説いている。

つまり、自分でも気づかないうちに阿弥陀仏のはからいが届いているというのだ。

人間が自力で考えたり行動すれば迷いにおちこんでしまう。しかし、信心をいただき、念仏をいただき、仏に身をまかせきったときには、そのまま自然法爾の世界に住まわせられる。

この世界こそが「ほれぼれと弥陀の御恩」を感じられる世界なのである。

第四章
『歎異抄』を読み解く

第十七条

本願を疑っても必ず真の浄土に導いていただけます

［現代語訳］

辺地《へんじ》といわれる方便《ほうべん》の浄土に生まれる人は、結局は地獄におちるという異説が主張されていますが、このようなことをいわせる証拠はどんな書物に出ているのでしょうか。

この異説が学者ぶる人たちのなかからいい出されたとのこと、本当に歎かわしいことです。経典や注釈書などの聖教をどのように理解しておられるのでしょうか。

信心を欠いた念仏者は、本願を疑うことによって方便として説かれた浄土の辺地に生まれるのですが、疑った罪を償《つぐな》ってからは、真の浄土に生まれさせていただき、悟りを開かせていただくのだとお聞きしております。

信心をたまわっている真の念仏者が少ないため、阿弥陀さまはとりあえずひとりでも多く方便の浄土に生まれさせようとなさっているのです。

それなのに、その人たちが結局は空しく地獄へおちてしまうというのであれば、浄土の教えを説いてくださった釈尊に嘘をつかせているということになるのです。

［解説］

この条で批判の対象になるのは、自力の人は浄土のかたすみにある辺地（浄土の辺境）に生まれ、最後は地獄におちてしまうという辺地堕獄《だごく》の教えである。

唯円によれば、信心を欠き念仏だけをとなえる人は本願を疑うことになるので、真の浄土に生まれることはできない。

往生できるのは辺地であるが、だからといって地獄におちることにはならない。阿弥陀仏の慈悲は疑う者を地獄におとしてしまうような冷たいものではなく、疑った罪を償わせてまでも救い上げようとするものだ。念仏者は、その阿弥陀仏の真意を汲《く》まねばならないというのである。

さらに唯円は、その熱い思いがわからないような学者ぶった人に幻惑されるな、地獄におちるなどとはどんな経典や注釈書にも書かれていない、と訴える。他力に生きようと思っても自力におちいってしまうような人こそを何とかしようとするのが阿弥陀仏の悲願であり、深い慈悲であるからだ。

地獄

地獄のひとつ「鉄磑処」。辺地に生まれた人は、結局は地獄におちるという異説があるが、実際は地獄におちず、罪を償ったあと真の浄土に生まれて悟りを開かせていただける（『地獄草紙』より　奈良国立博物館蔵、ColBase）

親鸞の言葉

仏智疑惑のつみにより
懈慢辺地にとまるなり
疑惑のつみのふかきゆえ
年歳劫数をふるととく

（仏さまの智恵を疑う罪によって、辺地にとどまることになるのです。疑いの罪が深いからこの方便の浄土でむなしく長い年数を経なければならないと説かれているのです（早くこの罪を償って真の浄土に生まれさせていただくようになさい））

『正像末和讃』

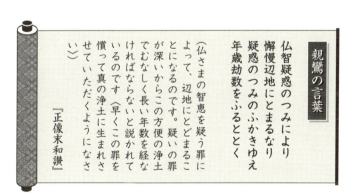

もともと人間は疑い深い生き物なので、真実の信心は得難い。とくに他力を信じることは難しい。

親鸞はこのことについて『浄土和讃』のなかで次のように胸中を吐露《とろ》している。

釈尊が一代のうちに教えられたことを信じるよりも、『無量寿経』で釈尊が説かれた他力の本願を信じるほうが難しい、難しいことの中でももっとも難しいことだ、これほど難しいことはない、と。

他力の教えは、一見やさしそうであるが、本当はもっとも難しく、だからこそ信じきれない人々が多いというのである。

しかし親鸞は、阿弥陀仏はこのような人々をひとまず方便の浄土、つまり辺地や化土に生まれさせ、本当の信心に目ざめるまで見守り続け、必ず真の浄土に生まれさせようとしてくださっていると気づいた。

そして唯円は、そのような阿弥陀仏の本願、その本願を説いた釈尊の熱い教え、親鸞が正直に告白した信心を得ることの難しさ、これらを伝えつつ、自力の人を排除することの愚かさを訴えようとしたのである。

第十八条

信心を欠いていれば どんな寄進も意味がありません

［現代語訳］

仏事のために寄進《きしん》する物の多少によって、浄土で大きな仏になったり小さな仏になったりするという異説がありますが、とんでもないことであり、まったく道理に合いません。

まず第一に、仏さまの体に大小の区別をつけることなどあり得ないことでしょう。たしかに『観無量寿経《かんむりょうじゅきょう》』には、安養《あんにょう》浄土の教主・阿弥陀さまのお体の大きさははかり知れないほど大きいとは説かれていますが、このお姿は人々に具体的にわからせるために方便として仮に現われてくださった報身《ほうじん》の姿をいい表したものにすぎません。

悟りを開かれ真理そのものに帰られた仏さまの姿は、長短もなければ四角であるとか円いとかの形もなく、青・黄・赤・白・黒などの色からも離れてしまっておられるのです。それなのに何をもって大きな仏、小さな仏などと定めることができるのでしょうか。

念仏をもうしますと、仮に姿を変えてくださった仏さまを見させていただけるといわれています。『大集経《だいじっきょう》』には「大きな声で念仏もうすと大きな仏を、小さな声でもうすと小さな仏を見る」と書かれています。もしかすると、このような説にこじつけていわれているのでしょうか。

あるいは寄進をすることは檀波羅蜜《だんばらみつ》の行、つまり布施《ふせ》の行であるといってもいいでしょうが、どんなに財宝を仏前にそなえ、師に施《ほどこ》しても、信心を欠いていれば何の意味もないのです。一枚の紙やわずかな銭すら寄進できなくても、他力に心をゆだね、信心が深ければ、それこそ阿弥陀さまの願いにかなうというものです。

こうした間違いは、結局は仏法にかこつけて世間の欲望をみたそうとすることであり、念仏もうす同朋《どうぼう》をおどしておられることになるのではないでしょうか。

［解説］

世間には寄進の額は大きければ大きいほどよいとか、大きな功徳を得るにはそれに見合った施しをしなければならないと考える人がいる。念仏者の間にも、寄進の多少によって浄土に生まれた場合にちがいが生じるという施量別報《せりょうべっぽう》の教えがあるが、この条はこれを異説として批判する。

施量別報の教えによると、寄進が多い人は浄土に生まれてから大きな仏になり、少なければ小さな仏にしかなれない。たしかに『観無量寿経』には仏の身体ははかり知れないほど大きいなどと説かれているが、これは方便として仮に現われた報身《ほうじん》の姿にすぎない。また『大集経《だいじっきょう》』には「小念には小を見、大念には大を見ん」とあり、親鸞も『教行信証《きょうぎょうしんしょう》』にこの経典を引用している。しかし、この異説は報身の意味やこうした文の奥にある意味を誤解し、自分たちに都合よくこじつけているだけだ。

報身とは永遠不滅な真理（一如）そのものとしての法身《ほっしん》に対し、法身が形を現わして方便の姿をとった存在（方便法身）をさす。親鸞は『唯信鈔文意』で永遠の真理そのものである仏が形を現わし方便法身の姿を示して誓願を立ててくださったのだから、その方便の姿に隠された仏の真意を汲まなければならないといっている。それなのに、この異説は方便の姿を即物的にとらえ、金品によってその姿になろうとしていると指摘するのだ。

真理そのものである仏が、わざわざ報身の姿となって人々の前に現われ、何とか人々に本願を知らせよう、気づかせようと苦労してくださっている。そのご恩に応えるのはあくまでも阿弥陀仏の意志を信じ、念仏もうす以外にない。それゆえ、寄進によって自分の欲望を満たすことは許されることではない、というのである。

阿弥陀仏の姿

親鸞は、阿弥陀仏は本来色や形をもたない真理であるが、誰にもわかるように仮の姿をとって救いに導いてくれると考えた（「山越阿弥陀図」京都国立博物館蔵、ColBase）

第四章
『歎異抄』を
読み解く

後記

異説は親鸞聖人の信心と異なる信心からおこったのです

［現代語訳］

右にあげてきましたさまざまな異説は、すべて聖人の信心と異なった信心をもつことからおこってきたことであると思えます。

今は亡き聖人が生前お話しになったことの中に、法然聖人ご在世のとき、お弟子がたはたくさんおられましたが、法然聖人と同じ信心の方は少ししかおられなかったのでしょう、あるとき、親鸞聖人とお弟子がたのあいだで信心について論争がおこったそうです。

その原因は、親鸞聖人が「私善信《ぜんしん》（親鸞）の信心も法然聖人のご信心も同じ一つのものです」とおっしゃったとき、誓観房《せいかんぼう》・念仏房《ねんぶつぼう》などという同門のお弟子がたが意外なことに強く反対され、「どうして法然聖人のご信心と善信房の信心が同じだなどといえるのですか」とおっしゃったからです。

「法然聖人のお智恵や学問の広さに対して同じだというのなら、とんでもないことでしょうが、阿弥陀さまのお力によって目ざめさせていただき、浄土に生まれさせていただくという信心においては、まったく異なることはありません」とお答えになりました。それでもなお「どうしてそんなわけがあるのか」という疑問や非難が出されましたので、結局法然聖人の前で、どちらの主張が正しいのかを決めていただこうということになりました。

そこで法然聖人に詳しい事情をもうしあげますと、聖人は「この源空《げんくう》（法然）の信心も如来よりたまわった信心です。善信房のご信心も如来からたまわられた信心です。ですから同じひとつの信心なのです。この私と異なった信心をもっている人は、私が生まれさせていただく浄土にはきっと生まれられないでしょう」とおっしゃったということです。

ですから今、ひたすら念仏もうす一向専修《いっこうせんじゅ》の人々の中にも、親鸞聖人のご信心とは異なった信心をもつ人がいることもあり得ると思われます。こうして書きしるしてきましたことは、いずれもみな同じことの繰り返しではありますが、ここに書きつけておきました。

はかない露のような命が枯れ草のような老いの身にとどまっている間に、ともに念仏もうす人々のご不審をうけたまわって親鸞聖人がおっしゃいましたご趣旨をもうしあげ、お聞きいただいているのですが、私が眼を閉じたのちには、さぞかしいろいろな異説が入り乱れるのではないかと、歎かわしく思えてまいります。もしここに書きしるしてきましたような異説などをいい合う人々に迷わされるようなことになりましたら、亡き聖人のお心にかない用いておられたご聖教などを、よくよくご覧になるのがよろしいでしょう。

しかし、およそ聖教には真実の教えを直接説いたものと、方便の教えを説いたものとが混じり合っております。ですから方便の教えを捨て真実の教えをとり、仮の教えをさしおき真のものを用いることこそが、親鸞聖人のご本意であります。絶対に聖教の真意を読み間違えてはなりません。そのために、大切な証拠になる聖人のお言葉を少々抜き出し、正邪の目安にしていただきたく、この書に書き添えておきます。

聖人はいつも、「阿弥陀さまが五劫《ごこう》という長い長い間、思索をかさねてお立てになった本願をよくよく考えてみますと、ひとえにこの親鸞一人のためだったのです。こう思い知らされるとき、これほどまでに罪深い身であるのに、助けようと思い立ってくださった阿弥陀さまの本願は、なんとかたじけなくありがたいことでしょうか」と、しみじみと語ってくださいました。

このことを今あらためて考えてみますと、善導大師《ぜんどうだいし》が「自分は今なお罪悪をおかし、迷いの世界から抜けられない凡夫であり、果てしのない過去の世界から今まで、常に苦悩の海に沈み、生と死を流転してこの迷いから抜け出る縁のない身であることを知りなさい」とおっしゃってくださった金言《きんげん》に、少しもちがっていないことを知らされるのであります。だからこそ、ありがたいことに聖人御自身を引き合いに出してこうおっしゃってくださったのは、私たちがわが身の罪悪の深さに気づかず如来のご恩の高いことも知らないで迷っているのを気づかせるためであったのです。本当に、私たちは如来のご恩にも気づかず、自分勝手に善いとか悪いとかとばかり言い争っているのです。

聖人は、「私は善悪のふたつについてはまったくわかりません。そのわけは、阿弥陀さまがそのお心に善いとお思いになるほどによくわかったのであれば、善を知ったのでしょう。また阿弥陀さまがそのお心に悪いとお思いになるほどによくわかったのであれば、悪を知ったことになるのでしょう。ですが、煩悩から離れられない凡夫や流転きわまりない無常《むじょう》の世界においては、みな嘘偽りばかりであって、何ひとつ真実はありません。そうした中にあっては、ただ念仏だけが真実であってくださるのです」とおっしゃいました。

まことに私もほかの人も嘘ばかりいい合っていますが、その中でもとくに歎かわしいことがあります。それは、念仏もうすことについて、信心のあり方を互いに問答し合い、人にも言い聞かせるとき、相手の口をふさぎ議論に勝つために、聖人がまったくおっしゃっていないことをおっしゃったことのようにいう人がいることです。

まことに情けなく、歎かわしいことであると思います。以上のように述べてきました私の趣旨について、よくよく考えていただき、疑問を解き、聖人の正しい教えを心得ていただきたいと思います。

これらのことは決して私個人の勝手な言葉ではありませんが、経典や注釈書に説かれている筋道も知らず、仏法の書物に当たってその浅い深いを十分に理解したわけでもありませんので、おかしいこともあるかも知れません。それでも亡き親鸞聖人がおっしゃった趣旨の百分の一、ほんの一端を思い出し、ここに書きつけました。

さいわいにも念仏もうすことができる身でありながら、すぐには真実の浄土に生まれることができず、浄土の辺地にとどまることがあれば、まことに悲しいことです。同じ教えをいただき念仏もうす人の中に、信心の異なる人が出ないよう、泣きながら筆をとってこれを書きしるしました。名づけて『歎異抄』としたいと思います。念仏もうす人以外には、お見せにならないように。

［解説］
この後記は本書全体の結論といえる。第十一条から第十八条までは、親鸞の教えと異なる教えをきびしく批判してきたが、ここでは親鸞の教えを回想しながら、とくにその異説のおこっ

た原因を追究し、これを提示する。

それによれば、さまざまな異説がおこった原因は、親鸞の信心とは異なる、めいめいが勝手につくった自力の信心にあるという。

唯円はまず、親鸞が法然のもとにいたときにおこった信心論争を、親鸞から聞いた内容を回想して述べる。あるとき親鸞が「私の信心も法然聖人の信心も同じだ」というと、誓観房や念仏房といった弟子たちが猛烈に反発し、「聖人の御信心と同じ信心であるなどとは、とんでもない」と親鸞をとがめた。しかし親鸞は屈せず、「智恵や才能という点では比較にならないが、信心は阿弥陀仏のおかげでいただいているのですから、聖人の信心も私の信心も同じはずです」と主張を曲げなかった。それでも弟子たちは納得しなかったので、法然の裁断を仰ぐことになった。すると法然自身は「阿弥陀さまからたまわった信心ですからふたりの信心はまったく同一です」と答えたという。

唯円はこのような回想を通して、他人が勝手に作り出した信心にまどわされず、親鸞のすすめた聖教を手本とし、その真意を汲みとるようにと指示する。そして信心の正邪を判断する目安となる親鸞の言葉をふたつ書き添える。

ひとつは「弥陀の五劫思惟《ごこうしゆい》の願をよくよく案ずれば、ひとえに親鸞一人《いちにん》がためなりけり。

信心論争

親鸞：私親鸞の信心も法然上人の信心も、同じひとつのものです

反対者：どうしてそのようなことがいえるのですか？

親鸞：法然聖人の智恵や学問の広さに対して同じだというのならとんでもないことでしょうが、阿弥陀さまのお力によって目ざめさせていただき、浄土に生まれさせていただくという信心においては、まったく異なることはありません

反対者：どうしてそんなわけがあるのか。うぬぼれるにも程がある

法然：この法然の信心も仏よりたまわった信心です。親鸞の信心も仏よりたまわった信心です。だから同じ信心なのです。私と異なった信心をもっている人は、私が生まれさせていただく浄土にはきっと生まれることはないでしょう

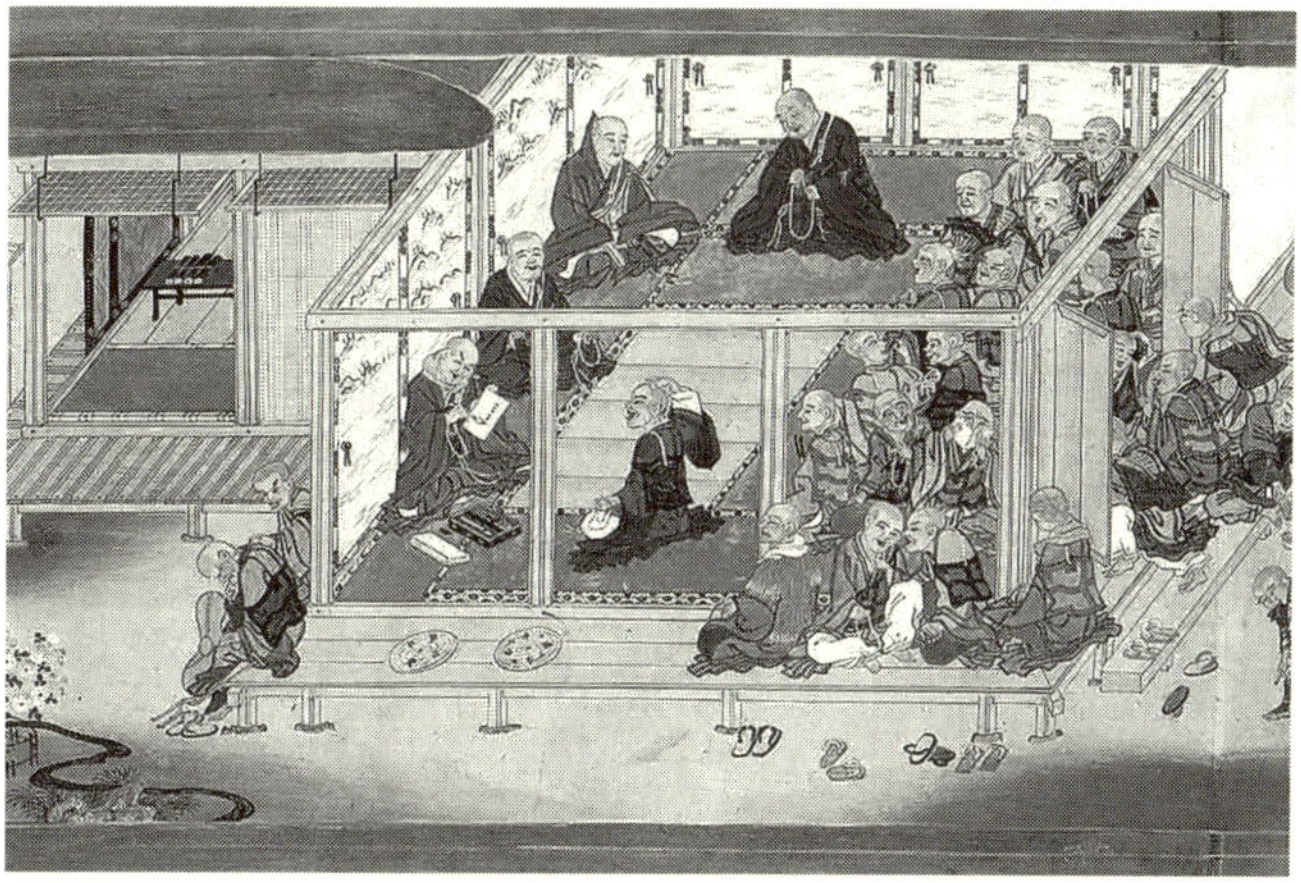

この絵では、信心だけで往生できるか、念仏の行を積んでこそ往生できるかについて議論している。室内の正面に法然、左手前に親鸞、右に法然の門弟たちがみえる（『善信聖人親鸞伝絵』「信行両座」より　仏光寺蔵）

……」という言葉。つまり自分がどんなに罪深い存在であるかを自覚してはじめて、実は阿弥陀仏はこのような私のために長いあいだ考え抜いて、信心と念仏を与えてくださった。だからこの信心と念仏こそがすべてであって、自分が勝手につくり出す信心や自力でとなえる念仏は仏の真意とはかけ離れており、人を迷わせるものにすぎない。この非を親鸞はこの言葉で知らせようとしてくださったのだ、というのである。

もうひとつは「善悪のふたつ総じてもって存知せざるなり。……」という言葉。煩悩から離れられない人間の住む世界は、嘘や偽りばかりの世界であって到底真の善悪など判断できる世界ではない。したがって真実はない。ただ、阿弥陀仏からたまわった信心と念仏だけが真実である。これらは自分たちでつくり出したものではなく、仏からたまわり、いただいたものであるからだ。

この親鸞の言葉をよくよく胸におさめとって、くれぐれも浅はかな議論などをしてはならない、と唯円は諭《さと》しているのである。

そして最後に、将来念仏者のなかで信心が異なるようなことがないようにと、泣く泣くこの書をしるし、『歎異抄』と名づけたと述べたうえで新たな異説がおこるのをふせぐため、念仏をもうす人以外にはこの書を見せないようにと書いて結んでいる。

第四章
『歎異抄』を
読み解く

流罪記録

法然聖人と弟子たちが流罪・死罪に処せられました

〔現代語訳〕

後鳥羽上皇《ごとばじょうこう》の御代《みよ》に、法然聖人は他力本願念仏宗をおこし、ひろめられました。そのとき、興福寺《こうふくじ》の僧たちが法然聖人は仏敵《ぶってき》であるとして朝廷に訴えました。さらに聖人のお弟子の中に狼藉《ろうぜき》を働く者がいると事実無根《じじつむこん》のうわさがたてられ、罪に処せられた人とその数は次の通りであります。

一　法然聖人ならびにお弟子七人が流罪《るざい》、またお弟子四人が死罪に処せられました。法然聖人は土佐《とさ》の国番田《くにはた》というところへ流罪、罪人としての名は藤井元彦《ふじいもとひこ》（男）などとされ、ご年齢は七十六歳でした。

親鸞は越後《えちご》の国に流罪、罪人としての名は藤井善信《よしざね》とされ、ご年齢は三十五歳でした。浄《じょう》円房《えんぼう》は備後《びんご》の国。澄西禅光房《ちょうさいぜんこうぼう》は伯耆《ほうき》の国。好覚房《こうかくぼう》は伊豆《いず》の国。行空法本房《ぎょうくうほうほんぼう》は佐渡《さど》の国に流罪となりました。ただし幸西成覚房《こうさいじょうかくぼう》・善恵房《ぜんえぼう》の二人は同じく流罪に決まっていましたが、比叡《ひえい》山《ざん》無《む》動《どう》寺《じ》の善題大僧正《ぜんだいだいそうじょう》(慈鎮和尚《じちんかしょう》)が身柄をあずかることになったということです。遠流《おんる》の人々は以上八人ということであります。

死罪に処せられた人々は、一番に西意善綽房《さいいぜんしゃくぼう》、二番に性願房《しょうがんぼう》、三番に住蓮房《じゅうれんぼう》、四番に安楽房《あんらくぼう》。刑は二位法印尊長《にいほういんそんちょう》の裁定によるものです。

親鸞は僧侶の身分を奪われ、俗名を与えられましたので、僧でもなく俗でもない身になられました。そこで禿《とく》の字をもって姓とし、このことを朝廷に申し出、認められました。このときに申し出られた文書は、今でも外記庁《げきのちょう》におさめられているということです。流罪以後は、ご自分の名を愚禿《ぐとく》親鸞とお書きになりました。

〈奥書〉

この『歎異抄』は、真宗のためには大切な聖教です。仏法に縁のない人には勝手に見せてはなりません。

釈蓮如《しゃくれんにょ》(花押《かおう》)

[解説]

この記録は、承元元(一二〇七)年の法難《ほうなん》を記録したものである。『歎異抄』の内容には直接関係ないため、古い写本にはこれを収めていないものもある。

第五章　『歎異抄』を生きた人々

第五章 『歎異抄』を生きた人々

清沢満之

近代人として『歎異抄』を再発見した人

『歎異抄』は私の〝三部経〟

『歎異抄《たんにしょう》』は誤解を受けやすい書物であったため、本願寺《ほんがんじ》八世・蓮如《れんにょ》は一般の人々の目に触れないようにした。以後、宗門の一部の人以外には読まれなくなってしまったが、明治時代に入ると再び世に出ることになる。

そのきっかけをつくったのが、著名な哲学者であり浄土真宗《じょうどしんしゅう》の近代化に努力した清沢満之《きよざわまんし》（一八六三〜一九〇三）である。

真宗では『無量寿経《むりょうじゅきょう》』『観無量寿経《かんむりょうじゅきょう》』『阿弥陀経《あみだきょう》』を浄土三部経《じょうどさんぶきょう》と呼び、根本経典としている。清沢はこれになぞらえ、「自分の大切な三部経はこの『歎異抄』とローマの哲学者・エピクテトスの『語録《ごろく》』、そして『阿含経《あごんきょう》』である」といった。しかし『語録』と『阿含経』には頻繁に触れながら、なぜか『歎異抄』にはあまり触れなかった。

その理由は、『歎異抄』にあまりに深い影響を受けており、清沢の思想と信仰の根底となっ

清沢満之 略年表

西暦	事　項
1863	名古屋に生まれる
1878	京都に行き、得度を受ける
1883	東京大学文学部哲学科入学
1887	第一高等学校・哲学館講師に
1888	京都府立尋常中学校校長に
1890	校長辞職。『歎異抄』に親しむ
1894	結核を病み、転地療養に赴く
1896	宗門改革を唱える
1900	暁烏敏らと浩々洞を開く
1901	『精神界』を発刊
1902	長男、妻を失う、真宗大学辞職
1903	絶筆「我が信念」脱稿　没

「我が信念」より

私は何が善だやら、何が悪だやら、何が真理だやら、何が非真理だやら、何が幸福だやら、何が不幸だやら、何も知り分る能力のない私、したがって善だの悪だの、真理だの非真理だの、幸福だの不幸だの、ということのある世界には、左へも右へも、前へも後へも、どちらへも身動き一寸することを得ぬ私、この私をして虚心平気に、この世界に生死することを得しむる能力の根本本体が、即ち私の信ずる如来である。私はこの如来を信ぜずしては、生きても居られず、死んで往くことも出来ぬ。私はこの如来を信ぜずしては居られない。

ていたからだ。それで、あえてこの書名を出さなかったのである。

たとえば清沢は、「何が善だやら悪だやら…一つも分るものではない」（「わが信念」）などと書いている。これは明らかに『歎異抄』第十八条の「善悪のふたつ総じてもって存知せざるなり」に通じる。

やはり『歎異抄』は彼の血となり肉となっていたのである。

だが、ここでひとつ疑問が浮かぶ。『語録』も『阿含経』も自力性の強い内容なのに対し、『歎異抄』は他力の教えに立っている。したがって、これらを三部経とすることは清沢にとって自己矛盾するようにも思えるが、なぜ清沢は三書を並べたのであろうか。

●近代人に対する清沢の提言

実はこれが清沢の独自性なのである。明治の知識人にとっての問題は、新しい自己の確立であり、彼の関心もそうであった。そこで清沢は、まず徹底的に自己を見つめるという方法をとった。結核に苦しみながらも禁欲生活を通して徹底して自己の姿を省察《せいさつ》し、自己を確立しようとした。エピクテトスの「奴隷心《どれいしん》にして美食《びしょく》せんよりは餓死《がし》して脱苦《だっく》するにしかじ」といった言葉を座右《ざゆう》の銘《めい》にし、自力仏教の『阿含経』を身読《しんどく》しつつ努力した。「修養の方法如何《いかん》。いわくすべからく自己を省察すべし」(「臘扇記《ろうせんき》」)ともいっている。

このような態度は近代人の共感を呼び、多くの人々が彼の影響を受けることになった。

しかし清沢は、これを徹することによって逆に人間の限界を知ることになる。つまり自力を徹することで他力に達したのだ。絶筆「我が信念」では「遂《つい》に人生の意義は不可解であるという所に到達して、ここに如来を信ずるということを惹起《じゃっき》した」と告白している。

こうして自力的な教えと『歎異抄』の他力の教えを統合した清沢は、近代人に「自己を確立するために自分を見きわめ限界を知って他力に身を委《ゆだ》ねよ」と提言し、さらには「他力に入っても自力が出るが、そのまま他力にまかせよ、これが他力の生き方を深め、自己を確立させるのだ」と説いて新しい道をしめした。彼の残した事跡はあまりにも大きい。

第五章
『歎異抄』を生きた人々

近角常観

『歎異抄』がなくては救済の手がとどかない、とまでいった人

運命の転機となった清沢との出逢い

近角常観《ちかずみじょうかん》（一八七〇〜一九四一）は明治三十五（一九〇二）年、東京に「求道学舎《ぐどうがくしゃ》」を創設し、雑誌『求道』を創刊して『歎異抄』を中心に親鸞の信仰を伝えた真宗大谷派《しんしゅうおおたには》の僧である。彼の『歎異抄』への傾倒は深く、『歎異抄』がなくては「救済の手はとゞかぬ」（『懺悔録《ざんげろく》―歎異抄講話―』）とまで語っている。

なぜここまでいったか。その答えは彼の回心《えしん》の過程を見ればわかる。

明治三（一八七二）年に生まれた近角は、京都の東本願寺《ひがしほんがんじ》経営の中学に入り清沢満之に出会った。二十歳のときには東本願寺留学生として第一高等学校に入り、さらに東京帝国大学哲学科で学んだ。だが明治二十九（一八九六）年、清沢を中心とした真宗大谷派の宗門改革運動に参加し、結局は失敗。その後復学したものの、「身体が無暗《むやみ》に疲れて、心が何となく苦しくなって来た」（前掲書）というように深い挫折感に襲われた。その原因は運動の失敗だけでなく、

早めに運動をやめて帰京した同志たちとの間がうまくいかなくなったことも関係していた。自分は「ことによると一生涯学問を廃《や》めて仕舞《しまは》ねばならぬかもしれぬと決心し」（同）て参加し、徹底して闘ったにもかかわらず、同志たちが冷淡になったため、不信感に襲われたのだ。のちに「仏様も一向有り難くない、友人にも見離される、…現に五月二十三日の晩は、自分が死のうか」（同）と思ったとも告白している。さらには心身の疲労から「ルチュー」という難病にかかってしまった。

虚空を望み見たときにおこった回心

しかし、ここに回心《えしん》がおこる。前掲書には退院後、切開した切り口を洗いに行った帰り道、「車上ながら虚空《こくう》を望み見た時、俄《にわか》に気が晴れて来た。これまでは心が豆粒のごとく小さくあったのが、この時胸が大いに開けて、白雲の間、青空《せいくう》の中に、吸い込まれるごとく思われた。…それから私は、つくづくと考えて、大いに自分の心に解《わか》って来た。永い間自分は真の朋友《ほうゆう》を求めておったが、その理想的の朋友は仏陀《ぶっだ》であるということが解った。人間の世の中に向かって、真の朋友を求めたのは、誤りであった」とある。

近角は、人間の中に真なるものを求めすぎ、友人を憎み、仏陀までも疑っていたとわかった

近角常観 略年表

西暦	事　項
1870	滋賀県の西源寺に生まれる
1889	東本願寺留学生として上京
1896	清沢らの宗門改革運動に参加
1897	改革運動の失敗により挫折
1898	東京帝国大学哲学科卒業
1899	雑誌『政教新報』創刊
1900	宗教事情視察のため欧米へ
1902	東京本郷に「求道学舎」創設
1904	『歎異抄』の親鸞精神を説く
1909	『歎異鈔講義』発刊
1915	求道会館設立
1941	12月3日没

『懺悔録―歎異抄講話―』より

凡夫同志では、自分が他人を善くすることも出来ねば、他人がこちらを善くすることも出来ぬ。たゞ互に悪い方へ悪い方へと引き落し合うて居るばかりである。しかるに仏陀は、こちらが悪ければ悪いほど、いじらしく思うて下さる。こちらが隔てれば隔てるほど、仏陀は胸を開いて迎えて下さる。こちらが悪く思えば思うほど、いよいよ善く遇して下さる。こういふ御方がましますということを知らずに、今まで心を苦しめて居たのはあさましい。仏陀々々と云うて居りましたが、仏陀は我がための真の朋友であるといふことは、一向気附かなんだ。

とき、仏陀みずからが近角を朋友としようとしてくださっていたと気づいたのだ。

　このように激しい罪悪感に苦しみ回心した近角が『歎異抄』、とくにその善悪観に引きつけられていったのは当然でもあった。

　明治四十二（一九〇九）年に発行された『歎異《たんに》鈔講義《しょうこうぎ》』では、こうした体験を通して「かくのごとき罪悪深重のものを、見はなしたまわぬのが、如来《にょらい》の御恩《ごおん》である。…この如来の御恩をいただかずして、是非邪正《ぜひじゃせい》をのみ口にするは、もったいなきことなり」と『歎異抄』の核心を伝え、さらに「この如来の御恩を感ずると感ぜざるとが、浮かぶと沈むの境なり」（同）と訴えている。近角にとって、『歎異抄』はまさに救済の書であったのだ。

第五章 『歎異抄』を生きた人々

暁烏敏

『歎異抄』の普及に全力を傾けた清沢門下のひとり

『歎異抄』には念仏の心持が書いてある

暁烏《あけがらす》敏《はや》（一八七七〜一九五四）はきたえぬかれた法話、庶民の言葉を駆使した布教で知られ、六十九歳で視力を失いながらも七十五歳で推されて真宗大谷派の宗務総長までつとめた人物である。

十七歳で京都の大谷尋常《じんじょう》中学に入学して生涯の師・清沢満之と出会い、二十一歳のときには『歎異抄』に出会った。

明治三十三（一九〇〇）年に真宗大学（現在の大谷大学）を卒業して東京外国語学校に入ると、同年十一月には清沢らとともに浩々洞《こうこうどう》という共同生活の場をもうけ、翌年ここから月刊誌『精神界』を発刊。明治三十六（一九〇三）年一月からは『精神界』に、「歎異抄を読む」を五十五回にわたって連載した。

この暁烏もまた『歎異抄』に生き、『歎異抄』を布教しぬいた人であった。彼自身、『わが歎

暁烏敏 略年表

西暦	事　項
1877	石川県の明達寺に生まれる
1887	父・暁烏依念没
1893	尋常中学で清沢満之に出会う
1900	真宗大学卒業。浩々洞開設
1902	山田房子と結婚
1903	「歎異抄を読む」連載開始
1913	妻没。思想が崩壊
1914	思想蘇生。今川総子と結婚
1922	月刊誌『薬王樹』を発刊
1945	疲労のため、視力が悪化
1951	真宗大谷派宗務総長就任
1954	臘扇堂が落慶。8月27日没

『わが歎異抄』より

立派にやって行ける子供よりも、立派にやって行けない子供に親心がそそがれるのだ。自分で駄目だというておる、その悪人こそ仏様の心が一番かかっておるのだ。…だから、お前のような者の方が仏さんのほんとうの目あてなのだ。正客なのだ。お相伴の善人さえ助かるのだから正客の悪人はなお助かるのだ、だから、「善人なほもて往生をとぐ、いはんや悪人をや」である。駄目だと自分を捨てた奴、駄目だというておるそのお前こそ仏さんの正客だぞ。…お前が助からなくて誰が助かるのだ。

異抄』に「人によっては『歎異抄』と暁烏というものが一つに考えられておる、これほど私には大切な書物なのである」といっている。

そして暁烏がもっとも重んじたのが念仏だ。『歎異抄』には「何が書いてあるかというと、念仏のほんとうのお心持が書いてある」（同）といっているのである。

ここでは彼の念仏観について、卓越《たくえつ》した法話を味わいつつ見てみることにしたい。

仏との対話から表出した念仏への思い

たとえば暁烏は、次のように、生き生きとした話し言葉で念仏の働きを語っていく。

「ただ念仏の一行です。だから真宗には腹立てることならぬ、欲起すことならぬ、そういうくだくだしいことは何にも教えることはいらんのです。ただ仏になりたいという願いの道をはっきりといただいて、その道を念じつつ進んでゆく、というより外はないのです。…仏を念ずるということは、心中にいただいておる仏が活動してくださるのである。だから我々が口に南無《なむ》阿弥陀仏《あみだぶつ》、南無阿弥陀仏と称《とな》えさしてもらうのは、内心に宿られた仏が活動して下さる相であります。我々の口の中に南無阿弥陀仏が出られるのは、内心の仏が活動して下さるのです。おどり出て下さるのであります。一声一声の念仏は私をたすけたもう仏の活動であります」（同）

これは、日夜仏と真剣に語り合う生活からしか生まれない念仏の表現である。磨きぬかれた法話の生み出す味わいがにじみ出ている。

さらに暁烏は、「今日の日本の宗教信者たちの多くは、この功利《こうり》主義です。仏さんがありがたいというのじゃなしに、極楽《ごくらく》へ行きたいというのです。自分にいいことを夢見て、念仏をその手段に使うておるのです。だから仏に身を捧げるんじゃなしに、仏を自分の食い物にするんです」（同）と仏の本意を軽視しがちな時代の傾向に警鐘をならし、唯円《ゆいえん》の思いを訴え続けた。

そのほか、暁烏は『歎異抄』の講話を積極的に実施した。こうした活動が実を結び、『歎異抄』は広く一般に知られるようになったのである。

第五章
『歎異抄』を生きた人々

曽我量深

伝統から新たな可能性を
見出した近代真宗学の巨人

異端寸前のところでの信仰

伝統的な真宗の教学を新しい角度から再興し、「近代真宗学の巨人」と呼ばれる人物がいる。曽《そ》我《が》量《りょう》深《じん》（一八七五～一九七一）だ。

曽我は昭和十七（一九四二）年に行なった講義の記録『歎《たん》異《に》抄《しょう》聴《ちょう》記《き》』の中で、「師弟一心同体になって新しく真宗再興という大事業に進まねばならぬ。その再興の原理、再興の精神が『歎異抄』にあらわれているということをわたくしは感じている」と述べる。この決意表明から、彼がいかに『歎異抄』を重視していたかがわかる。

また、特筆すべきは『歎異抄』に対する次のような姿勢である。前述のとおり『歎異抄』の「歎異」は親鸞没後、親鸞の教えと異なった異説が多く出てきたことを歎《なげ》くことに由来するが、それについて曽我は「だれが異なるかというと、自分が異なっている。異なるのは自分である」という。異端者を責めるのではなく、「異なりは自分にあることを痛切に知らしていただく」

と解釈し、一歩間違えば自分が異端者になりかねないというぎりぎりのところで、親鸞の教えを自分一人の問題として聴きとろうとしているのである。

では、どのようにして『歎異抄』に信仰の極致《きょくち》を聴きとっていくのか。

宿業と本能との関係

『歎異抄聴記』のキーワードのひとつに宿業《しゅくごう》という言葉がある。宿業とは一般には当人が前世で行なった善悪の行為の報《むく》いといった意味に使われるが、曽我は『感応道交《かんのうどうこう》』という著作で「自分は…『宿業は本能なり』、こういう叫び声を聞いたのである。ここに至って私の数十年の疑問というものは一朝《いっちょう》にして解決した。…『宿業』という言葉は一応は死んだ古い言葉である、『本能』という言葉は生きた新しい言葉である。すなわち一応死んだと思われる仏教の専門の言葉を生きた現代語に翻訳することができた」といっている。

なぜ宿業が本能なのかというと、次の文を見ればその理由がわかる。『歎異抄聴記』には「宿業は人間の理知によって知られるものではない。生まれながらにして与えられている本能である」とあり、さらに「この宿業の自覚、つまり『罪悪生死《しょうじ》の凡夫《ぼんぶ》、広曠《こうごう》よりこのかた常に没し常に流転《るてん》して、出離《しゅつり》の縁あることなし』とは…親さまが一切衆生《いっさいしゅじょう》の罪となやみと、それをあ

曽我量深 略年表

西暦	事　項
1875	新潟県の円徳寺に生まれる
1897	浄恩寺に入寺、曽我姓となる
1904	真宗大学研究院卒業、教授就任
1911	教授を辞し、帰郷する
1916	東京で『精神界』の編集に参加
1925	大谷大学教授となる
1930	著作が問題になり、大学辞任
1941	真宗大谷派講師に。大学も復帰
1942	安居本講で『歎異抄』を講義
1949	ＧＨＱ公職追放により教授辞任
1961	大谷大学学長になる
1971	6月20日没

『歎異抄聴記』より

宿業は感応道交の世界。宿業というとまっくらなように思っているが、そうでなく、宿業に眼を開けば十方世界はたがいに胸を開き、山河大地もみな胸を開いて同じ仲間である。比叡山一つみても、突然としてあるのではない。比叡山は何億年、何十億年むかしからあそこにそびえていて、なにかしらぬが自分との間に感応道交し、呼べば応える。われらは宿業をしらぬから、我他彼此と、ともに一軒の家にいても「我」を主張し、何十年同じ家にいても、何人の子供を産んでもたがいに心をしらぬ。まことになさけないことである。

なた一身にになって、そしてあらわれてくださった」とも述べている。

すなわち曽我は、宿業を自覚するということは、単なる因果《いんが》応報《おうほう》による善悪を狭い理知的なレベルで考えることなどではなく、自分の全存在、人間の全存在、生きとし生ける者全体が罪悪に満ち、生死を繰り返して迷いから離れられないものであるから、これをまとめて法蔵《ほうぞう》菩薩《ぼさつ》が背負ってくださっているということに気づけ、と言おうとしている。したがって、宿業は悲しむものではなく、救いの契機にしていただくものなのである。

ここに宿業を救済の契機に転換しようとした親鸞の信仰を、『歎異抄』を通して近代化する曽我の態度が見られるのである。

第五章
『歎異抄』を生きた人々

金子大榮

浄土を明らかにすることにすべてをかけた「浄土の金子」

自己の体験から語る親鸞への共鳴

曾我量深とともに真宗教学の近代化に尽力した功労者のひとりが金子大榮《かねこだいえい》（一八八一～一九七六）だ。金子は僧籍をはく奪された苦しみにもめげず、自分の信念を貫き通した。そして岩波文庫の『歎異抄』解題で、『歎異抄』について「親鸞の精神生活というものを直接に知らしめるものは、この書に過ぎるものはないであろう」と述べている。

なぜ、こうまで言い切れるのか。その理由のひとつは、親鸞と唯円の日常生活からにじみ出た体験性にある。金子は「この書に現われるものは、すべて告白である。身に感じたまゝを沁々《しみじみ》と表わす述懐《じゅっかい》である。その個人的なる述懐が読む者をして反《そむ》くことのできない力を感ぜしめる」（同）と述べている。要するに金子は、親鸞にせよ、唯円にせよ、自己の体験の内から語っていることに共鳴したのだ。

さらに「往生極楽の道という言葉が本当に自分の身につかないかぎりは、『歎異抄』を了解

金子大榮 略年表

西暦	事　項
1881	新潟県の最賢寺に生まれる
1901	真宗大学本科入学
	清沢満之の影響を受ける
1904	自坊に帰り布教に従事
	曽我量深と親交を結ぶ
1915	雑誌『精神界』の編集責任者に
1016	大谷大学教授に就任
1922	曽我量深と雑誌『見真』を発刊
1928	異安心問題で教授辞任。僧籍離脱
1931	『金子大栄校訂 歎異抄』発刊
1942	大谷大学教授に復帰
1976	10月20日没

『意訳聖典』「真宗概説」より

われらは、この世に光を見失うた。されど浄土を願う限り、この世を照らす光を仰ぐことができる。それはいかなる事態にも動乱せられない智慧の光である。寂滅が未来に願われているからである。それはまた偏愛を痛み、瞋《しん》憎《ぞう》を悲しましめらるる光ともなるであろう。大悲の願は人間を和解せしむるにあるからである。ここに真宗の現実的意義がある。それは死の帰するところをもって、生のよるところとする未来教のみ有つ現実的意義である。

することはできない」（『金子大榮 歎異抄』）ともいう。

往生極楽について金子は「私の身についた気持ちから言いますれば、往生浄土の道」（同）であると言い換える。

『歎異抄』に対し、浄土に往生しようとする体験から迫ろうとするのだ。

事実、金子は「浄土の金子」といわれ、「浄土を明らかにすることが私の思想的運命でもあり、私の人生の経験でもありました。したがって私の著作のすべては、ただそのこと一つであると申しても過言ではありません」と述べたという（『親鸞に出遭った人びと』⑤より）。

では、金子の浄土観とはどのようなものであったのか。

内省と懺悔から説かれた浄土観

金子は清沢満之の精神性を継承しており、内省《ないせい》の体験、日常生活の懺悔を重視していた。内省と懺悔をせずに浄土を考えることは、単に浄土を欲望の対象にし、利用しようとすることであって、そのような人間には真の浄土はわからないと考えたからだ。

この内省と懺悔の上に立って、現代人にわかりやすく浄土を説いたのが、「『浄』は浄《きよ》めであり、『土』は場です。その浄めの場というのが、仏の願いの世界」（『金子大栄 歎異抄』）であり浄土であるという一文だ。さらに「浄められている浄土を願う心において、人間生活が浄められている。…したがって、浄土を願いつつ歩むということは、浄土が我々の世界に現れてくる、浄めの世界が現れてくることです。浄められるということは、煩悩の生活をしながら、それを悲しむことです。それを罪深いものであると傷んでゆくところに、往生浄土の道というものがあるのです」（同）という言葉も残している。

従来は遠い極楽浄土をさして浄土であるとされていたため、現代人には理解しにくいものになっていた。しかし金子は、浄土は日々の生活で体験するものであると提言したのだ。これは、親鸞が発見した新しい浄土を現代に生きかえらせたことにほかならない。

日常の中に『歎異抄』の教えを見出そうとした金子の態度は、現代に示唆的である。

第五章
『歎異抄』を
生きた人々

倉田百三

親鸞研究ブームの嚆矢となった
ベストセラー作家

失恋と病苦の中で『歎異抄』を読む

倉田《くらた》百三《ひゃくぞう》（一八九一〜一九四三）は大正から昭和にかけて活躍した劇作家・評論家で、ベストセラー戯曲『出家《しゅっけ》とその弟子』の作者として広く知られている。この戯曲が親鸞と唯円に関する作品であることからわかるように、倉田は『歎異抄』に強く傾倒していた。

『法然《ほうねん》と親鸞の信仰』では「歎異鈔は、私の知っている限り、世界のあらゆる文書の中で、一番内面的な、求心的な、そして本質的なものである」と述べ、さらに「飽くまで敬虔《けいけん》な、素純な、しかも人心を掘り穿《うが》つ浸徹力《しんてつりょく》を備へた文章である…心の鏡として向って見るがいい」とまで賞賛しているのだ。当然、倉田の作品も『歎異抄』の影響を強く受けている。

百三は明治四十三（一九一〇）年、第一高等学校に入学し、哲学を学び思索にふける。翌年、父の強い願いで法科に転じるが、興味をもてず不眠症になってしまった。その後、父に懇願《こんがん》して哲学の研究にもどったものの、心の空虚感は満たされなかった。そしてこの頃、妹・艶子《つやこ》の級友との恋に破れる。さらに結核におかされ、退学に追い込まれた。あまりのショックからしきりに自殺を考えるようになり、結核もいよいよ重くなる――。倉田はこのような苦しみを負い、『歎異抄』を耽読《たんどく》しつつ、『出家とその弟子』を書いたのである。

●自分の姿を善鸞に重ねる

『出家とその弟子』第六幕第四場には、親鸞の臨終の場に、彼に義絶《ぎぜつ》（勘当《かんどう》）された実子・善《ぜん》鸞《らん》が呼ばれ（史実ではなく百三の創作）、最後の会話がかわされるシーンがある。

親鸞は善鸞にとぎれるような細い声で「わしはもうこの世を去る……お前は仏様を信じるか」「信じると云ってくれ」、信仰を「ただ受取りさえすればよいのじゃ」と語る。信仰を得ていない善鸞は苦しみのため真っ青になり、絶望的な気持ちになって「わかりません……きめられません」と答え、突っ伏す。親鸞は「おお」とうめいて目をつむる。

顔は苦悶《くもん》の表情で覆《おお》われるが、やがて静かで穏やかな表情になり、小さいがしっかりとした声で「それでよいのじゃ。みな助かっているのじゃ……」といって、こときれる。

当時二十六歳の百三にとって、善鸞の姿はわが身の姿でもあった。恋に狂い、病魔におかされ、真理の探究に挫折。かといって信仰も得られず、親の願いを裏切った――。だが、それだ

倉田百三 略年表

西暦	事項
1891	広島県の呉服屋に生まれる
1910	三次中学から第一高等学校入学
1913	結核のため退学し、須磨で療養
1914	故郷に帰り、宗教書を耽読
1916	京都で働きながら同人誌創刊
1917	『出家とその弟子』を出版
1919	病気療養のため福岡に移転
1921	『愛と認識の出発』刊行
1923	有島武郎と論争を繰り広げる
1926	強迫観念症にかかり苦悩
1934	『法然と親鸞の信仰』出版
1943	没。築地本願寺にて葬儀

『親鸞』より

「聖人さま。」と唯円は膝をすすめて、「私は疑団がおざりまする。念仏申して浄土に往生することは私はしっかりと決定してをりまする。…それだのに、早く死んで浄土へ参りたいといふ心の起こらぬのはどうした訳でおざりませう。…」「さればじや。久遠劫より今日まで流転してまゐった苦しみのふる里ははなれ難く、まだ見ぬ楽しい浄土は恋しくないといふのは、よくよく迷い込んだものぢや。…」何のこだはりも、思はせぶりもない聖人の答へに、唯円房は春氷のやうに疑団のとけるのをおぼえた。

からこそ他力《たりき》の信心《しんじん》の極致を聴くことができ、これほど見事に親鸞の他力信仰を描き得たともいえる。

わずか二十六歳で自分の中にまぬがれがたい人間の煩悩《ぼんのう》の呻《うめ》き、死の恐怖、地獄の姿を見てしまった倉田は、『歎異抄』の「とても地獄は一定《いちじょう》すみかぞかし」という親鸞の言葉に打たれ、もはや他力によるほかないと唯円に諭《さと》されたのであろう。だからこそ「それでよいのじゃ」「助かっているのじゃ」という言葉が出てきたはずだ。

煩悩に身を焼きこの自分を否定しようとする自分と、何もしなくても救われている自分、この両者は一見矛盾するが、仏の救いの中にあっては、そのまま包容されているのである。

野間宏

愚禿の意味を執拗に掘り下げた戦後派文学の中心作家

親鸞の思想を呼吸させる『歎異抄』

戦後派文学の中心的な担い手となった作家・野間宏《のまひろし》（一九一五〜一九九一）は、自身の作品『歎異抄』（一九六九）で次のように書く。

「私は『教行信証《きょうぎょうしんしょう》』をはなれて、親鸞の思想を知ることは出来ないと考えているが、しかし『歎異抄』をはなれて、その思想が実際に呼吸して生きたその呼吸を知ることはできないと考える。『教行信証』を読んで親鸞の思想、その念仏論を得たものは、それを自分のなかに呼吸させるために、どうしても『歎異抄』を読まなければならないのである」と。

私は作家の書いた宗教書を読むのが好きだ。それは学者とはちがった嗅覚《きゅうかく》のようなものを感じるからである。野間のいう「呼吸」からも同じような嗅覚を感じ得る。

さて野間は、自著『歎異抄』の中で親鸞のいう「愚禿《ぐとく》」という言葉を取りあげ、「これまでこの親鸞の愚禿ということについては、一般にそれほど深く考えられてきたとはいえないよう

野間宏 略年表

西暦	事　項
1915	卯一の子として神戸に生まれる
1932	第三高等学校入学。同人誌創刊
1935	京都大学入学。マルクスに傾倒
1938	大学を出て大阪市役所に就職
1941	戦争で中国やフィリピンを転戦
1943	社会主義の前歴で半年間服役
1946	『暗い絵』発表。作家生活に入る
1952	『真空地帯』刊行
1969	『歎異抄』刊行
1971	『青年の環』で谷崎潤一郎賞受賞
1973	『親鸞』刊行
1991	1月2日没。

『歎異抄』より

学僧には弟子があったし、また現にある。また俗にも一芸に秀でたもの、花や茶などにすぐれたものには弟子があったし、また現にある。しかし僧にあらず俗にあらずの愚禿に弟子があるわけはないのである。肝要なことは一人一人が親鸞と同じく禿の境位に自分を置くことであるのだが、それは他力（仏の力）によってのみ可能なのであって、…禿に徹し切ったところに「親鸞は弟子一人ももたずさふらふ」という、この仏教史上、誰一人として言ったことのない言葉が出されてきたのである。

に思う」と指摘し、作家的な嗅覚でこの愚禿の意味を掘り下げていく。野間が愚禿を執拗《しつよう》に追いかけるのは、彼の生い立ちにもよる。

野間の父・卯一《うい ち》は親鸞の教えに傾倒し、自宅に説教所を開いて貧困者を指導するなど、一種の教祖のような立場にいた。そのため、野間もやがては父の後継者となるべく運命づけられていた。

十一歳のときに父が亡くなると、次第に父の立場に疑問を感じ、拒否しはじめたが、父の影響で彼の心中に食い込んでいた罪や悪の意識が彼を苦しめるようになる。

しかしこの苦しみがのちの『歎異抄』や『親鸞』の執筆、そして愚禿の追及の原動力になったのである。

●愚禿・親鸞を見る野間の眼

そもそも親鸞は、越後流罪《えちごるざい》のときから自分を「僧に非《あら》ず俗に非ず、この故に禿《とく》の字を以《もっ》て姓《しょう》となす」とし、その禿に愚をつけ、自身を愚禿親鸞と呼ぶようになったといわれる。だが、これについて野間は、親鸞が自分を愚禿と呼んだのは、自分をへりくだって呼ぶというような消極的なものではなく、非常に積極的な意味があるという。「僧にあらず俗にあらずということは、よく考えれば考えるほどじつに大きな考えをもって、これが生みだされてきたことが、解って来るのである」と主張するのである。

僧でもなく俗でもなければ、実際は立場がないということになる。僧でなければ俗でしかあり得ないが、それも否定するからだ。とすれば僧にも反抗し、俗人にもならないという信念の場しかない。この場を野間は、「本当にあるかなきかのような場所」というのである。そして僧に迎合《げいごう》せず、俗にも妥協しないぎりぎりの場に親鸞は自分を置こうとしたのであり、そこに真の仏教者としての場をすえていたと考えたのである。

「そのあるかなきかの一点に身を置くことがなければ、その思想は生きることがない」と見る野間の眼は、幼い頃に見ていた父の姿と何らかの関係をもち、『歎異抄』で感じとった「呼吸」によって開かれた眼であろう。

付章　『歎異抄』原文

[序]

竊回二愚案一、《ひそかにぐあんをめぐらして》粗勘二古今一、《ほぼここんをかんがうるに》歎レ異二先師口伝之真信一、《せんしのくでんのしんしんにことなることをなげき》思レ有二後学相続之疑惑一、《こうがくそうぞくのぎわくあることをおもうに》幸不レ依二有縁知識一者、《さいわいにうえんのちしきによらずは》争得レ入二易行一門一哉。《いかでかいぎょうのいちもんにいることをえんや》全以二自見之覚悟一、《まったくじけんのかくごをもって》莫レ乱二他力之宗旨一。《たりきのしゅうしをみだることなかれ》仍、《よって》故親鸞聖人御物語之趣、《こしんらんしょうにんおんものがたりのおもむき》所レ留二耳底一、《みみのそこにとどまるところ》聊注レ之。《いささかこれをしるす》偏為レ散二同心行者之不審一也云々《ひとえにどうしんぎょうじゃのふしんをさんぜんがためなりとうんぬん》

[第一条]

弥陀《みだ》の誓願不思議《せいがんふしぎ》にたすけられまいらせて、往生《おうじょう》をばとぐるなりと信じて念仏《ねんぶつ》もうさんとおもいたつこころのおこるとき、すなわち摂取不捨《せっしゅふしゃ》の利益《りやく》にあずけしめたまうなり。弥陀の本願《ほんがん》には老少善悪《ろうしょうぜんあく》のひとをえらばれず。ただ信心を要《よう》とすとしるべし。そのゆえは、罪悪深重煩悩熾盛《ざいあくじんじゅうぼんのうしじょう》の衆生《しゅじょう》をたすけんがための願《がん》にてまします。しかれば本願を信ぜんには、他《た》の善も要にあらず、念仏にまさるべき善なきゆえに。悪をもおそるべからず、弥陀の本願をさまたぐるほどの悪なきがゆえにと云々《うんぬん》

[第二条]

おのおの十余《じゅうよ》か国《こく》のさかいをこえて、身命《しんみょう》をかえりみずして、たずねきたらしめたまう御《おん》こころざし、ひとえに往生極楽《おうじょうごくらく》のみちをといきかんがためなり。しかるに念仏《ねんぶつ》よりほかに往生のみちをも存知《ぞんじ》し、また法文等《ほうもんとう》をもしりたるらんと、こころにくくおぼしめしておわしましてはんべらんは、おおきなるあやまりなり。もししからば、南都北嶺《なんとほくれい》にも、ゆゆしき学生《がくしょう》たちおおく座せられてそうろうなれば、かのひとにもあいたてまつりて、往生の要《よう》よくよくきかるべきなり。親鸞《しんらん》におきては、ただ念仏して、弥陀《みだ》にたすけられまいらすべしと、よきひとのおおせをかぶりて、信ずるほかに別の子細《しさい》なきなり。念仏は、

まことに浄土にうまるるたねにてやはんべるらん、また、地獄《じごく》におつべき業《ごう》にてやはんべるらん。総《そう》じてもって存知せざるなり。たとい、法然聖人《ほうねんしょうにん》にすかされまいらせて、念仏して地獄《じごく》におちたりとも、さらに後悔《こうかい》すべからずそうろう。そのゆえは、自余《じよ》の行《ぎょう》もはげみて、仏《ぶつ》になるべかりける身《み》が、念仏をもうして、地獄にもおちてそうらわばこそ、すかされたてまつりて、という後悔もそうらわめ。いずれの行もおよびがたき身なれば、とても地獄は一定《いちじょう》すみかぞかし。弥陀の本願《ほんがん》まことにおわしまさば、釈尊《しゃくそん》の説教、虚言《きょごん》なるべからず。仏説まことにおわしまさば、善導《ぜんどう》の御釈《おんしゃく》、虚言《きょごん》したまうべからず。善導の御釈まことならば、法然のおおせそらごとならんや。法然のおおせまことならば、親鸞《しんらん》がもうすむね、またもって、むなしかるべからずそうろうか。詮《せん》ずるところ、愚身《ぐしん》の信心《しんじん》におきてはかくのごとし。このうえは、念仏をとりて信じたてまつらんとも、またすてんとも、面々《めんめん》の御《おん》はからいなりと云々《うんぬん》

［第三条］

善人《ぜんにん》なおもて往生《おうじょう》をとぐ、いわんや悪人《あくにん》をや。しかるを、世のひとつねにいわく、悪人なお往生す、いかにいわんや善人をや。この条《じょう》、一旦《いったん》そのいわれあるににたれども、本願他力《ほんがんたりき》の意趣《いしゅ》にそむけり。そのゆえは、自力作善《じりきさぜん》のひとは、ひとえに他力をたのむこころかけたるあいだ、弥陀《みだ》の本願にあらず。しかれども、自力のこころをひるがえして、他力をたのみたてまつれば、真実報土《しんじつほうど》の往生をとぐるなり。煩悩具足《ぼんのうぐそく》のわれらは、いずれの行《ぎょう》にても、生死《しょうじ》をはなるることあるべからざるをあわれみたまいて、願《がん》をおこしたまう本意《ほんい》、悪人成仏《あくにんじょうぶつ》のためなれば、他力をたのみたてまつる悪人、もっとも往生の正因《しょういん》なり。よって善人だにこそ往生すれ、まして悪人はと、おおせそうらいき。

［第四条］

慈悲《じひ》に聖道《しょうどう》・浄土《じょうど》のかわりめあり。聖道の慈悲というは、ものをあわれみ、かなしみ、はぐくむなり。しかれども、おもうがごとくたすけとぐること、きわめてありがたし。浄土の慈悲というは、念仏して、いそぎ仏《ぶつ》になりて、大慈大悲心をもって、おもうがごとく衆生《しゅじょう》を利益《りやく》するをいうべきなり。今生《こんじょう》に、いかに、いとおし不便《ふびん》とおもうとも、存知《ぞんじ》のごとくたすけがたければ、この慈悲始終なし。しかれば、念仏もうすのみぞ、すえとおりたる大慈悲心にてそうろうべきと云々《うんぬん》

［第五条］

親鸞《しんらん》は父母《ぶも》の孝養《きょうよう》のためとて、一辺《いっぺん》にても念仏《ねんぶつ》もうしたること、いまだそうらわず。そのゆえは、一切《いっさい》の有情《うじょう》は、みなもって世々《せせ》生々《しょうじょう》の父母兄弟なり。いずれもいずれも、この順次生《じゅんしじょう》に仏《ぶつ》になりて、たすけそうろうべきなり。わがちからにてはげむ善にてもそうらわばこそ、念仏を回向《えこう》して、父母をもたすけそうらわめ。ただ自力《じりき》をすてて、いそぎ浄土《じょうど》のさとりをひらきなば、六道四生《ろくどうししょう》のあいだ、いずれの業苦《ごうく》にしずめりとも、神通方便《じんずうほうべん》をもって、まず有縁《うえん》を度《ど》すべきなりと云々《うんぬん》

［第六条］

専修念仏《せんじゅねんぶつ》のともがらの、わが弟子ひとの弟子、という相論《そうろん》のそうろうらんこと、もってのほかの子細《しさい》なり。親鸞《しんらん》は弟子一人《いちにん》ももたずそうろう。そのゆえは、わがはからいにて、ひとに念仏をもうさせそうらわばこそ、弟子にてもそうらわめ。ひとえに弥陀《みだ》の御《おん》もよおしにあずかって、念仏もうしそうろうひとを、わが弟子ともうすこと、きわめたる荒涼《こうりょう》のことなり。つくべき縁《えん》あればともない、はなるべき縁

あれば、はなるることのあるをも、師をそむきて、ひとにつれて念仏すれば、往生《おうじょう》すべからざるものなりなんどいうこと、不可説《ふかせつ》なり。如来《にょらい》よりたまわりたる信心《しんじん》を、わがものがおに、とりかえさんともうすにや。かえすがえすもあるべからざることなり。自然《じねん》のことわりにあいかなわば、仏恩《ぶっとん》をもしり、また師の恩《おん》をもしるべきなりと云々《うんぬん》

[第七条]

念仏者《ねんぶつしゃ》は、無碍《むげ》の一道《いちどう》なり。そのいわれいかんとならば、信心《しんじん》の行者《ぎょうじゃ》には、天神地祇《てんじんちぎ》も敬伏《きょうぶく》し、魔界《まかい》外道《げどう》も障碍《しょうげ》することなし。罪悪も業報《ごうほう》を感ずることあたわず、諸善《しょぜん》もおよぶことなきゆえに、無碍《むげ》の一道なりと云々《うんぬん》

[第八条]

念仏《ねんぶつ》は行者《ぎょうじゃ》のために、非行非善《ひぎょうひぜん》なり。わがはからいにて行ずるにあらざれば、非行という。わがはからいにてつくる善にもあらざれば、非善という。ひとえに他力《たりき》にして、自力《じりき》をはなれたるゆえに、行者のためには非行非善なりと云々《うんぬん》

[第九条]

「念仏《ねんぶつ》もうしそうらえども、踊躍歓喜《ゆやくかんぎ》のこころおろそかにそうろうこと、またいそぎ浄土《じょうど》へまいりたきこころのそうらわぬは、いかにとそうろうべきことにてそうろうやらん」と、もうしいれてそうらいしかば、「親鸞《しんらん》もこの不審《ふしん》ありつるに、唯円房《ゆいえんぼう》おなじこころにてありけり。よくよく案じみれば、天におど

り地におどるほどによろこぶべきことを、よろこばぬにて、いよいよ往生《おうじょう》は一定《いちじょう》とおもいたまうべきなり。よろこぶべきこころをおさえて、よろこばせざるは、煩悩《ぼんのう》の所為《しょい》なり。しかるに仏《ぶつ》かねてしろしめして、煩悩具足《ぼんのうぐそく》の凡夫《ぼんぶ》とおおせられたることなれば、他力《たりき》の悲願《ひがん》は、かくのごときのわれらがためなりけりとしられて、いよいよたのもしくおぼゆるなり。また浄土へいそぎまいりたきこころのなくて、いささか所労《しょろう》のこともあれば、死なんずるやらんとこころぼそくおぼゆることも、煩悩の所為《しょい》なり。久遠劫《くおんごう》よりいままで流転《るてん》せる苦悩の旧里《きゅうり》はすてがたく、いまだうまれざる安養の浄土はこいしからずそうろうこと、まことに、よくよく煩悩の興盛《こうじょう》にそうろうにこそ。なごりおしくおもえども、娑婆《しゃば》の縁《えん》つきて、ちからなくしておわるときに、かの土《ど》へはまいるべきなり。いそぎまいりたきこころなきものを、ことにあわれみたまうなり。これにつけてこそ、いよいよ大悲大願はたのもしく、往生は決定《けつじょう》と存じそうらえ。踊《ゆ》躍歓喜《やくかんぎ》のこころもあり、いそぎ浄土へもまいりたくそうらわんには、煩悩のなきやらんと、あやしくそうらいなまし」と云々《うんぬん》

［第十条］

「念仏《ねんぶつ》には無義《むぎ》をもって義《ぎ》とす。不可称不可説不可思議《ふかしょうふかせつふかしぎ》のゆえに」とおおせそうらいき。そもそもかの御在生《ございしょう》のむかし、おなじこころざしにして、あゆみを遼遠《りょうおん》の洛陽《らくよう》にはげまし、信《しん》をひとつにして心を当《とう》来《らい》の報土《ほうど》にかけしともがらは、同時に御意趣《ごいしゅ》をうけたまわりしかども、そのひとびとにともないて念仏もうさるる老若《ろうにゃく》、そのかずをしらずおわしますなかに、上人《しょうにん》のおおせにあらざる異義《いぎ》どもを、近来《きんらい》はおおくおおせられおうてそうろうよし、つたえうけたまわる。いわれなき条々《じょうじょう》の子細《しさい》のこと。

［第十一条］

一文不通《いちもんふつう》のともがらの念仏《ねんぶつ》もうすにおうて、「なんじは誓願不思議《せいがんふしぎ》を信じて念仏もうすか、また名号《みょうごう》不思議を信ずるか」と、いいおどろかして、ふたつの不思議の子細《しさい》をも分明《ふんみょう》にいいひらかずして、ひとのこころをまどわすこと、この条、かえすがえすもこころをとどめて、おもいわくべきことなり。誓願《せいがん》の不思議によりて、たもちやすく、となえやすき名号を案じいだしたまいて、この名字をとなえんものを、むかえとらんと、御約束《おんやくそく》あることなれば、まず弥陀《みだ》の大悲大願の不思議にたすけられまいらせて、生死《しょうじ》をいずべしと信じて、念仏のもうさるるも、如来《にょらい》の御《おん》はからいなりとおもえば、すこしもみずからのはからいまじわらざるがゆえに、本願《ほんがん》に相応して、実報土《じっぽうど》に往生《おうじょう》するなり。これは誓願の不思議を、むねと信じたてまつれば、名号の不思議も具足して、誓願・名号の不思議ひとつにして、さらにことなることなきなり。つぎにみずからのはからいをさしはさみて、善悪のふたつにつきて、往生のたすけ・さわり、二様《ふたよう》におもうは、誓願の不思議をばたのまずして、わがこころに往生の業をはげみて、もうすところの念仏をも自行になすなり。このひとは、名号の不思議をも、また信ぜざるなり。信ぜざれども、辺地懈《へんじげ》慢疑城胎宮《まんぎじょうたいぐう》にも往生して、果遂《かすい》の願のゆえに、ついに報土《ほうど》に生ずるは、名号不思議のちからなり。これすなわち、誓願不思議のゆえなれば、ただひとつなるべし。

［第十二条］

経釈《きょうしゃく》をよみ学《がく》せざるともがら、往生不定《おうじょうふじょう》のよしのこと。この条、すこぶる不足言《ふそくごん》の義《ぎ》といいつべし。他力真実のむねをあかせるもろもろの聖教《しょうぎょう》は、本願《ほんがん》を信じ、念仏《ねんぶつ》をもうさば仏《ぶつ》になる。そのほか、なにの学問かは往生の要なるべきや。まことに、このことわりにまよえらんひとは、いかにもいかにも学問して、本願のむねをしるべきなり。経釈をよみ学すといえども、聖教の本意をこころえざる条、もっとも不便《ふびん》のことなり。一文不通《いちもんふつう》にして、経釈のゆくじもしらざらんひとの、となえやすからんための名号におわしますゆえに、易行《いぎょう》という。学問をむねとするは、聖道門《しょうどうもん》なり、難行《なんぎょう》となづく。あやまって、学問して、名聞利養《みょうもんりよう》のおもいに住するひと、順次《じゅんし》の往生、いかがあらんずらんという証文もそうろうぞかし。当時、専修《せんじゅ》念仏のひとと、聖道門のひと、諍論《じょうろん》をくわだてて、わが宗こそすぐれたれ、ひとの宗はおとりなりというほどに、法敵もいできたり、謗法《ほうぼう》もおこる。これしかしながら、みずから、わが法を破謗《はほう》するにあらずや。たとい諸門こぞりて、念仏はかいなきひとのためなり、その宗、あさしいやしというとも、さらにあらそわずして、われらがごとく下根《げこん》の凡夫《ぼんぶ》、一文不通のものの、信ずればたすかるよし、うけたまわりて信じそうらえば、さらに上根《じょうこん》のひとのためにはいやしくとも、われらがためには、最上の法にてまします。たとい自余の教法はすぐれたりとも、みずからがためには器量およばざれば、つとめがたし。われもひとも、生死《しょうじ》をはなれんことこそ、諸仏の御本意《ごほんい》にておわしませば、御《おん》さまたげあるべからずとて、にくい気《け》せずは、たれのひとかありて、あたをなすべきや。かつは、「諍論のところにはもろもろの煩悩《ぼんのう》おこる、智者遠離《ちしゃおんり》すべき」よしの証文そうろうにこそ。故聖人《しょうにん》のおおせには、「この法をば信ずる衆生《しゅじょう》もあり、そしる衆生もあるべしと、仏ときおかせたまいたることなれば、われはすでに信じたてまつる。またひとありてそしるにて、仏説まことなりけりとしられそうろう。しかれば往生はいよいよ一定《いちじょう》とおもいたまうべきなり。あやまって、そしるひとのそうらわざらんにこそ、いかに信ずるひとはあれども、そしるひとのなきやらんとも、おぼえそうらいぬべけれ。かくもうせばとて、かならずひとにそしられんとにはあらず。仏の、かねて信謗ともにあるべきむねをしろしめして、ひとのうたがいをあらせじと、ときおかせたまうことをもうすなり」とこそそうらいしか。いまの世には学文《がくもん》して、ひとのそしりをやめ、ひとえに論義問答むねとせんとかまえられそうろうにや。学問せば、いよいよ如《にょ》来《らい》の御本意をしり、悲願の広大のむねをも存知《ぞんじ》して、いやしからん身にて往生はいかが、なんどとあやぶまんひとにも、本願には善悪浄穢《じょうえ》なきおもむきをも、とききかせられそうらわばこそ、学生《がくしょう》のかいにてもそうらわめ。たまたま、なにごころもなく、本願に相応して念仏するひとをも、学文してこそなんどといいおどさるること、法の魔障《ましょう》なり、仏の怨敵《おんてき》なり。みずから他力の信心かくるのみならず、あやまって、他をまよわさんとす。つつしんでおそるべし、先師の御こころにそむくことを。かねてあわれむべし、弥陀《みだ》の本願にあらざることをと云々《うんぬん》

［第十三条］

弥陀《みだ》の本願《ほんがん》不思議《ふしぎ》におわしませばとて、悪をおそれざるは、また、本願ぼこりとて、往生《おうじょう》かなうべからずということ。この条、本願をうたがう、善悪の宿業《しゅくごう》をこころえざるなり。よきこころのおこるも、宿善《しゅくぜん》のもよおすゆえなり。悪事《あしきこと》のおもわれせらるるも、悪業《あくごう》のはからうゆえなり。故聖人《しょうにん》のおおせには、「卯毛羊毛《うもうようもう》のさきにいるちりばかりもつくるつみの、宿業にあらずということなしとしるべし」とそうらいき。また、あるとき「唯円房《ゆいえんぼう》はわがいうことをば信ずるか」と、おおせのそうらいしあいだ、「さんぞうろう」と、もうしそうらいしかば、「さらば、いわんことたがうまじきか」と、かさねておおせのそうらいしあいだ、つつしんで領状《りょうじょう》もうしてそうらいしかば、「たとえば、ひとを千人ころしてんや、しからば往生は一定《いちじょう》すべし」と、おおせそうらいしとき、「おおせにてはそうらえども、一人《いちにん》もこの身の器量《きりょう》にては、ころしつべしともおぼえずそうろう」と、もうしてそうらいしかば、「さてはいかに親鸞《しんらん》がいうことをたがうまじきとはいうぞ」と。「これにてしるべし。なにごともこころにまかせたることならば、

往生のために千人ころせといわんに、すなわちころすべし。しかれども、一人にてもかないぬべき業縁《ごうえん》なきによりて、害せざるなり。わがこころのよくて、ころさぬにはあらず。また害せじとおもうとも、百人千人をころすこともあるべし」と、おおせのそうらいしは、われらが、こころのよきをばよしとおもい、あしきことをばあしとおもいて、願《がん》の不思議にてたすけたまうということをしらざることを、おおせのそうらいしなり。そのかみ邪見《じゃけん》におちたるひとあって、悪をつくりたるものを、たすけんという願にてましませばとて、わざとこのみて悪をつくりて、往生の業《ごう》とすべきよしをいいて、ようように、あしざまなることのきこえそうらいしとき、御消息《ごしょうそく》に、「くすりあればとて、毒をこのむべからず」と、あそばされてそうろうは、かの邪執《じゃしゅう》をやめんがためなり。まったく、悪は往生《おうじょう》のさわりたるべしとにはあらず。「持戒持律《じかいじりつ》にてのみ本願を信ずべくは、われらいかでか生死《しょうじ》をはなるべきや」と。かかるあさましき身も、本願にあいたてまつりてこそ、げにほこられそうらえ。さればとて、身にそなえざらん悪業《あくごう》は、よもつくられそうらわじものを。また、「うみかわに、あみをひき、つりをして、世をわたるものも、野やまに、ししをかり、とりをとりて、いのちをつぐともがらも、あきないをもし田畠《でんばく》をつくりてすぐるひとも、ただおなじことなり」と。「さるべき業縁《ごうえん》のもよおせば、いかなるふるまいもすべし」とこそ、聖人《しょうにん》はおおせそうらいしに、当時は後世者《ごせしゃ》ぶりして、よからんものばかり念仏《ねんぶつ》もうすべきように、あるいは道場にはりぶみをして、なむなむのことしたらんものをば、道場へいるべからず、なんどということ、ひとえに賢善精進《げんぜんしょうじん》の相をほかにしめして、うちには虚仮《こけ》をいだけるものか。願にほこりてつくらんつみも、宿業のもよおすゆえなり。さればよきことも、あしきことも、業報《ごうほう》にさしまかせて、ひとえに本願をたのみまいらすればこそ、他力にてはそうらえ。『唯信抄《ゆいしんしょう》』にも、「弥陀《みだ》いかばかりのちからましますとしりてか、罪業《ざいごう》の身なれば、すくわれがたしとおもうべき」とそうろうぞかし。本願にほこるこころのあらんにつけてこそ、他力《たりき》をたのむ信心も決定《けつじょう》しぬべきことにてそうらえ。おおよそ、悪業煩悩《あくごうぼんのう》を断じつくしてのち、本願を信ぜんのみぞ、願にほこるおもいもなくてよかるべきに、煩悩を断じなば、すなわち仏になり、仏のためには、五劫思惟《ごこうしゆい》の願、その詮《せん》なくやましまさん。本願ぼこりといましめらるるひとびとも、煩悩不浄《ふじょう》、具足《ぐそく》せられてこそそうろうげなれ。それは願にほこらるるにあらずや。いかなる悪を、本願ぼこりという、いかなる悪か、ほこらぬにてそうろうべきぞや。かえりて、こころおさなきことか。

[第十四条]

一念《いちねん》に八十億劫《はちじゅうおくこう》の重罪を滅《めっ》すと信ずべしということ。この条は、十悪五逆《じゅうあくごぎゃく》の罪人、日ごろ念仏《ねんぶつ》をもうさずして、命終《みょうじゅう》のとき、はじめて善知識《ぜんじしき》のおしえにて、一念もうせば八十億劫のつみを滅《めっ》し、十念《じゅうねん》もうせば、十《と》八十億劫《はちじゅうおくこう》の重罪を滅《めっ》して往生《おうじょう》すといえり。これは、十悪五逆の軽重《きょうじゅう》をしらせんがために、一念十念といえるか、滅罪《めつざい》の利益《りやく》なり。いまだわれらが信ずるところにおよばず。そのゆえは、弥陀《みだ》の光明にてらされまいらするゆえに、一念発起《いちねんほっき》するとき、金剛《こんごう》の信心《しんじん》をたまわりぬれば、すでに定聚《じょうじゅ》のくらいにおさめしめたまいて、命終すれば、もろもろの煩悩悪障《ぼんのうあくしょう》を転じて、無生忍《むしょうにん》をさとらしめたまうなり。この悲願ましまさずは、かかるあさましき罪人、いかでか生死《しょうじ》を解脱《げだつ》すべきとおもいて、一生のあいだもうすところの念仏は、みなことごとく、如来大悲《にょらいだいひ》の恩を報じ徳を謝すとおもうべきなり。念仏もうさんごとに、つみをほろぼさんと信ぜば、すでに、われとつみをけして、往生せんとはげむにてこそそうろうなれ。もししからば、一生のあいだ、おもいとおもうこと、みな生死《しょうじ》のきずなにあらざることなければ、いのちつきんまで念仏退転《たいてん》せずして往生すべし。ただし業報《ごうほう》かぎりあることなれば、いかなる不思議のことにもあい、また病悩苦痛《びょうのうくつう》せめて、正念《しょうねん》に住せずしておわらん。念仏もうすことかたし。そのあいだのつみは、いかがして滅《めつ》すべきや。つみきえざれば、往生はかなうべからざるか。摂取不捨《せっしゅふしゃ》の願《がん》をたのみたてまつらば、いかなる不思議ありて、悪業をおかし、念仏もうさずしておわるとも、すみやかに往生をとぐべし。また、念仏のもうされんも、ただいまさとりをひらかんずる期《ご》のちかづくにしたがいても、いよいよ弥陀《みだ》をたのみ、御恩を報じたてまつるにてこそそうらわめ。つみを滅《めつ》せんとおもわんは、自力のこころにして、臨終正念《りんじゅうしょうねん》といのるひとの本意なれば、他力《たりき》の信心なきにてそうろうなり。

［第十五条］

煩悩具足《ぼんのうぐそく》の身をもって、すでにさとりをひらくということ。この条、もってのほかのことにそうろう。即身成仏《そくしんじょうぶつ》は真言秘教《しんごんひきょう》の本意、三密行業《さんみつぎょうごう》の証果《しょうか》なり。六根清浄《ろっこんしょうじょう》はまた法華一乗《ほっけいちじょう》の所説、四安楽《しあんらく》の行の感徳《かんとく》なり。これみな難行上根《なんぎょうじょうこん》のつとめ、観念成就《かんねんじょうじゅ》のさとりなり。来生《らいしょう》の開覚《かいかく》は他力浄土《たりきじょうど》の宗旨《しゅうし》、信心決定《しんじんけつじょう》の道《どう》なるがゆえなり。これまた易行下根《いぎょうげこん》のつとめ、不簡善悪《ふけんぜんあく》の法なり。おおよそ、今生《こんじょう》においては、煩悩悪障《ぼんのうあくしょう》を断ぜんこと、きわめてありがたきあいだ、真言《しんごん》・法華《ほっけ》を行ずる浄侶《じょうりょ》、なおもて順次生《じゅんししょう》のさとりをいのる。いかにいわんや、戒行恵解《かいぎょうえげ》ともになしといえども、弥陀《みだ》の願船に乗じて、生死《しょうじ》の苦海《くかい》をわたり、報土《ほうど》のきしにつきぬるものならば、煩悩《ぼんのう》の黒雲はやくはれ、法性《ほっしょう》の覚月《かくげつ》すみやかにあらわれて、尽十方《じんじっぽう》の無碍《むげ》の光明《こうみょう》に一味《いちみ》にして、一切《いっさい》の衆生《しゅじょう》を利益《りやく》せんときにこそ、さとりにてはそうらえ。この身をもってさとりをひらくとそうろうなるひとは、釈尊《しゃくそん》のごとく、種種の応化《おうけ》の身《しん》をも現じ、三十二相・八十随《ずい》形好《ぎょうこう》をも具足して、説法利益《せっぽうりやく》そうろうにや。これをこそ、今生《こんじょう》にさとりをひらく本《ほん》とはもうしそうらえ。『和讃《わさん》』にいわく「金剛堅固《こんごうけんご》の信心《しんじん》の　さだまるときをまちえてぞ　弥陀《みだ》の心光摂護《しんこうしょうご》して　ながく生死《しょうじ》をへだてける」（善導讃《ぜんどうさん》）とはそうらえば、信心のさだまるときに、ひとたび摂取《せっしゅ》してすてたまわざれば、六道《ろくどう》に輪回《りんね》すべからず。しかればながく生死をばへだてそうろうぞかし。かくのごとくしるを、さとるとはいいまぎらかすべきや。あわれにそうろうをや。「浄土真宗《じょうどしんしゅう》には、今生に本願《ほんがん》を信じて、かの土《ど》にしてさとりをばひらくとならいそうろうぞ」とこそ、故聖人《しょうにん》のおおせにはそうらいしか。

［第十六条］

信心《しんじん》の行者《ぎょうじゃ》、自然《じねん》に、はらをもたて、あしざまなることをもおかし、同朋同侶《どうぼうどうりょ》にもあいて口論をもしては、かならず回心《えしん》すべしということ。この条、断悪修善《だんあくしゅぜん》のここちか。一向専修《いっこうせんじゅ》のひとにおいては、回心ということ、ただひとたびあるべし。その回心は、日ごろ本願他力真宗《ほんがんたりきしんしゅう》をしらざるひと、弥陀《みだ》の智慧《ちえ》をたまわりて、日ごろのこころにては、往生《おうじょう》かなうべからずとおもいて、もとのこころをひきかえて、本願をたのみまいらするをこそ、回心とはもうしそうらえ。一切《いっさい》の事《じ》に、あしたゆうべに回心して、往生をとげそうろうべくは、ひとのいのちは、いずるいき、いるいきをまたずしておわることなれば、回心もせず、柔和忍辱《にゅうわにんにく》のおもいにも住せざらんさきにいのちつきば、摂取不捨《せっしゅふしゃ》の誓願《せいがん》は、むなしくならせおわしますべきにや。くちには願力《がんりき》をたのみたてまつるといいて、こころには、さこそ悪人をたすけんという願、不思議にましますというとも、さすがよからんものをこそ、たすけたまわんずれとおもうほどに、願力をうたがい、他力をたのみまいらするこころかけて、辺地《へんじ》の生《しょう》をうけんこと、もっともなげきおもいたまうべきことなり。信心さだまりなば、往生は、弥陀に、はからわれまいらせてすることなれば、わがはからいなるべからず。わろからんにつけても、いよいよ願力をあおぎまいらせば、自然《じねん》のことわりにて、柔和忍辱のこころもいでくべし。すべてよろずのことにつけて、往生には、かしこきおもいを具せずして、ただほれぼれと弥陀の御恩《ごおん》の深重《じんじゅう》なること、つねはおもいいだしまいらすべし。しかれば念仏ももうされそうろう。これ自然なり。わがはからわざるを、自然ともうすなり。これすなわち他力にてまします。しかるを、自然ということの別にあるように、われものしりがおにいうひとのそうろうよし、うけたまわる。あさましくそうろうなり。

[第十七条]

辺地《へんじ》の往生《おうじょう》をとぐるひと、ついには地獄《じごく》におつべしということ。この条、いずれの証文《しょうもん》にみえそうろうぞや。学生《がくしょう》だつるひとのなかに、いいいださるることにてそうろうなるこそ、あさましくそうらえ。経論聖教《きょうろんしょうぎょう》をば、いかようにみなされてそうろうやらん。信心《しんじん》かけたる行者《ぎょうじゃ》は、本願《ほんがん》をうたがうによりて、辺地《へんじ》に生じて、うたがいのつみをつぐのいてのち、報土のさとりをひらくとこそ、うけたまわりそうらえ。信心の行者すくなきゆえに、化土《けど》におおくすすめいれられそうろうを、ついにむなしくなるべしとそうろうなるこそ、如来《にょらい》に虚妄《こもう》をもうしつけまいらせられそうろうなれ。

[第十八条]

仏法のかたに、施入物《せにゅうもつ》の多少にしたがいて、大小仏《ぶつ》になるべしということ。この条、不可説なり、不可説なり。比興《ひきょう》のことなり。まず仏に大小の分量をさだめんことあるべからずそうろうや。かの安養浄《あんにょうじょう》土《ど》の教主の御身量《ごしんりょう》をとかれてそうろうも、それは方便報身《ほうべんほうじん》のかたちなり。法性《ほっしょう》のさとりをひらいて、長短方円のかたちにもあらず、青黄赤白黒《しょうおうしゃくびゃくこく》のいろをもはなれなば、なにをもってか大小をさだむべきや。念仏もうすに化仏《けぶつ》をみたてまつるということのそうろうなるこそ、「大念には大仏をみ、小念には小仏をみる」（大集経意《だいじっきょうい》）といえるが、もしこのことわりなんどにばし、ひきかけられそうろうやらん。かつはまた檀波羅蜜《だんはらみつ》の行ともいいつべし。いかにたからものを仏前にもなげ、師匠《ししょう》にもほどこすとも、信心《しんじん》かけなば、その詮《せん》なし。一紙半銭《いっしはんせん》も、仏法のかたにいれずとも、他力《たりき》にこころをなげて信心ふかくは、それこそ願《がん》の本意にてそうらわめ。すべて仏法にことをよせて、世間の欲心もあるゆえに、同朋《どうぼう》をいいおどさるるにや。

［後記］

右条々はみなもって信心《しんじん》のことなるよりおこりそうろうか。故聖人《しょうにん》の御《おん》ものがたりに、法然聖人《ほうねんしょうにん》の御とき、御弟子《でし》そのかずおおかりけるなかに、おなじく御信心のひとも、すくなくおわしけるにこそ、親《しん》鸞《らん》、御同朋《どうぼう》の御なかにして、御相論《ごそうろん》のことそうらいけり。そのゆえは、「善信《ぜんしん》が信心も、聖人の御信心もひとつなり」とおおせのそうらいければ、勢観房《せいかんぼう》、念仏房《ねんぶつぼう》なんどもうす御同朋《どうぼう》達、もってのほかにあらそいたまいて、「いかでか聖人の御信心に善信房の信心、ひとつにはあるべきぞ」とそうらいければ、「聖人の御智慧才覚《おんちえさいかく》ひろくおわしますに、一《ひとつ》ならんともうさばこそ、ひがごとならめ。往生《おうじょう》の信心においては、まったくことなることなし、ただひとつなり」と御返答ありけれども、なお、「いかでかその義《ぎ》あらん」という疑難《ぎなん》ありければ、詮《せん》ずるところ聖人の御まえにて、自他の是非をさだむべきにて、この子細をもうしあげければ、法然聖人のおおせには、「源空《げんくう》が信心も、如来《にょらい》よりたまわりたる信心なり。善信房の信心も如来よりたまわらせたまいたる信心なり。されば、ただひとつなり。別の信心にておわしまさんひとは、源空がまいらんずる浄土《じょうど》へは、よもまいらせたまいそうらわじ」とおおせそうらいしかば、当時の一向専修《いっこうせんじゅ》のひとびとのなかにも、親鸞の御信心にひとつならぬ御こともそうろうらんとおぼえそうろう。いずれもいずれもくりごとにてそうらえども、かきつけそうろうなり。露命《ろめい》わずかに枯草《こそう》の身《み》にかかりてそうろうほどにこそ、あいともなわしめたまうひとびとの御不審《ごふしん》をもうけたまわり、聖人のおおせのそうらいしおもむきをも、もうしきかせまいらせそうらえども、閉眼《へいがん》ののちは、さこそしどけなきことどもにてそうらわんずらめと、なげき存《ぞん》じそうらいて、かくのごとくの義ども、おおせられあいそうろうひとびとにも、いいまよわされなんどせらるることのそうらわんときは、故聖人の御こころにあいかないて御もちいそうろう御聖教《しょうぎょう》どもを、よくよく御らんそうろうべし。おおよそ聖教には、真実権《しんじつごん》仮《け》ともにあいまじわりそうろうなり。権をすてて実をとり、仮をさしおきて真をもちいるこそ、聖人の御本意にてそうらえ。かまえてかまえて聖教をみ、みだらせたまうまじくそうろう。大切の証文ども、少々ぬきいでまいらせそうろうて、目やすにして、この書にそえまいらせてそうろうなり。聖人のつねのおおせには、「弥陀《みだ》の五劫思惟《ごこうしゆい》の願《がん》をよくよく案ずれば、ひとえに親鸞一人《いちにん》がためなりけり。されば、そくばくの業《ごう》をもちける身にてありけるを、たすけんとおぼしめしたちける本願のかたじけなさよ」と御述懐《ごじゅっかい》そうらいしことを、いままた案ずるに、善導の、「自身はこれ現に罪悪生死《ざいあくしょうじ》の凡夫《ぼんぶ》、曠劫《こうごう》よりこのかた、つねにしずみ、つねに流転して、出離の縁あることなき身としれ」(散善義《さんぜんぎ》)という金言《きんげん》に、すこしもたがわせおわしまさず。されば、かたじけなく、わが御身《おんみ》にひきかけて、われらが、身の罪悪のふかきほどをもしらず、如来の御恩のたかきことをもしらずしてまよえるを、おもいしらせんがためにてそうらいけり。まことに如来の御恩ということをばさたなくして、われもひとも、よしあしということをのみもうしあえり。聖人のおおせには、「善悪のふたつ総じてもって存知《ぞんじ》せざるなり。そのゆえは、如来の御こころによしとおぼしめすほどにしりとおしたらばこそ、よきをしりたるにてもあらめ、如来のあしとおぼしめすほどにしりとおしたらばこそ、あしさをしりたるにてもあらめど、煩悩具足《ぼんのうぐそく》の凡夫、火宅無《かたくむ》常《じょう》の世界は、よろずのこと、みなもって、そらごとたわごと、まことあることなきに、ただ念仏《ねんぶつ》のみぞまことにておわします」とこそおおせはそうらいしか。まことに、われもひともそらごとをのみもうしあいそうろうなかに、ひとついたましきことのそうろうなり。そのゆえは、念仏もうすについて、信心《しんじん》のおもむきをも、たがいに問答し、ひとにもいいきかするとき、ひとのくちをふさぎ、相論《そうろん》をたたかいかたんがために、まったくおおせにてなきことをも、おおせとのみもうすこと、あさましく、なげき存《ぞん》じそうろうなり。このむねを、よくよくおもいとき、こころえらるべきことにそうろうなり。これさらにわたくしのことばにあらずといえども、経釈《きょうしゃく》のゆくじもしらず、法文《ほうもん》の浅深《せんじん》をこころえわけたることもそうらわねば、さだめておかしきことにてこそそうらわめども、故親鸞《こしんらん》のおおせごとそうらいしおもむき、百分が一《ひとつ》、かたはしばかりをも、おもいいでまいらせて、かきつけそうろうなり。かなしきかなや、さいわいに念仏しながら、直《じき》に報土にうまれずして、辺地《へんじ》にやどをとらんこと。一室の行者《ぎょうじゃ》のなかに、信心ことなることなからんために、なくなくふでをそめてこれをしるす。なづけて『歎異抄《たんにしょう》』というべし。外見《げけん》あるべからず。

［流罪記録］

後鳥羽院御宇《ごとばいんぎょう》、法然聖人他力本願念仏宗《ほうねんしょうにんたりきほんがんねんぶつしゅう》を興行《こうぎょう》す。于時《ときに》、興福寺僧侶敵奏之上《こうふくじそうりょてきそうのうえ》、御弟子中狼藉子細《おんでしのなかろうぜきしさい》あるよし、無実風聞《むじつのふうぶん》によりて罪科《ざいか》に処せらるる人数事《にんじゅうのこと》。

一　法然聖人《ほうねんしょうにん》並《ならびに》御弟子《おんでし》七人《しちにん》流罪、また御弟子四人《しにん》死罪におこなわるるなり。聖人は土佐国番田《とさのくにはた》という所へ流罪、罪名藤井元彦《ふじいもとひこ》男云々《うんぬん》、生年《しょうねん》七十六歳なり。

親鸞《しんらん》は越後国《えちごのくに》、罪名藤井善信《よしざね》云々、生年三十五歳なり。

浄円房備後国《じょうえんぼうびんごのくに》、澄西禅光房伯耆国《ちょうさいぜんこうぼうほうきのくに》、好覚房伊豆国《こうかくぼういずのくに》、行空法本房佐渡国《ぎょうくうほうほんぼうさどのくに》、幸西成覚房《こうさいじょうかくぼう》・善恵房《ぜんえぼう》二人《ににん》、同《おなじく》遠流《おんる》にさだまる。しかるに無動寺之善題大僧正《むどうじのぜんだいだいそうじょう》、これを申しあずかると云々《うんぬん》。

遠流之人々已上《いじょう》八人なりと云々《うんぬん》

被行死罪人々。

一番　西意善綽房《さいいぜんしゃくぼう》

二番　性願房《しょうがんぼう》

三番　住蓮房《じゅうれんぼう》

四番　安楽房《あんらくぼう》

二位法印尊長之沙汰也《にいのほういんそんちょうのさたなり》。

親鸞改㆓僧儀㆒賜㆓俗名㆒《しんらんそうぎをあらためてぞくみょうをたまう》、仍非㆑僧非㆑俗《よってそうにあらずぞくにあらず》。然間以㆓禿字㆒為㆑姓被㆑経㆓奏問㆒畢《しかるあいだとくのじをもってしょうとなしそうもんをへられおわんぬ》。彼御申状《かのおんもうしじょう》、于今外記庁《いまにげきのちょうに》納《おさまると》　云々

流罪以後愚禿親鸞令㆑書給也《るざいいごぐとくしんらんとかかしめたまうなり》。

［奥書］

右斯聖教者、為当流大事聖教也。

於無宿善機、無左右不可許之者也。　釈蓮如御判

【主な参考文献】

『歎異抄事典』谷川理宣ほか編著（柏書房）／『歎異抄』阿満利麿、『親鸞』草野顕之（筑摩書房）／『親鸞の本』、『目からウロコの親鸞聖人と浄土真宗』山崎龍明監（学習研究社）／『入門よくわかる親鸞』武田鏡村（日本実業出版社）／『初めての歎異抄』山崎龍明、『親鸞再考』松尾剛次（NHK出版）／『知識ゼロからの親鸞』本多弘之監（幻冬舎）／『現代語訳歎異抄』水野聡（PHP研究所）／『歎異抄』早島鏡正、『歎異抄を学ぶ』中西智海、『親鸞めぐり旅』講談社編（講談社）／『歎異抄講括』小野清一郎、『親鸞と歎異抄入門』大法輪閣編集部編（大法輪閣）／『面白いほどよくわかる浄土真宗』菊村紀彦監 田中治郎著（日本文芸社）／『うちのお寺は浄土真宗』（双葉社）／『わが心の歎異抄』今井雅晴、『真宗聖典』、『歎異抄聴記』曽我量深（東本願寺出版部）／『歎異鈔講義』近角常観（光融社）／『わが歎異鈔』暁烏敏（潮文社）／『歎異抄の思想的解明』寺川俊昭、『金子大榮 歎異抄』金子大榮、『歎異抄講義』三明智彰、『歎異抄講話』広瀬杲、『歎異抄講話』石田慶和（法藏館）／『出家とその弟子』倉田百三（新潮社）／『現代語訳 歎異抄』野間宏訳（河出書房新社）／『歎異抄』金子大栄校訂（岩波書店）／『歎異抄』安良岡康作訳注（旺文社）／『歎異抄』千葉乗隆訳注（角川書店）／『現代語歎異抄』親鸞仏教センター、『歎異抄―現代を生きるこころ―』真宗教団連合編（朝日新聞出版）／『聖典セミナー「歎異抄」』梯實圓（本願寺出版社）／『私訳歎異抄』五木寛之（東京書籍）／『歎異抄講讃』藤秀璻、『歎異抄大峯顯（百華苑）／『歎異抄の世界』伊東慧明（文栄堂書店）／『歎異抄―親鸞己れの信を語る―』霊山勝海（大東出版社）／『歎異抄論註』佐藤正英（青土社）／『現代思想と歎異抄』アルフレッド・ブルーム著・徳永道雄訳（毎日新聞社）／『梅原猛の『歎異抄』入門』梅原猛（プレジデント社）／『歎異抄―その批判的考察』石田瑞磨（春秋社）／『親鸞―その生涯と思想の展開過程』松野純孝（三省堂）

本書は小社より刊行された『図説 あらすじでわかる! 歎異抄』(二〇一一年)、を再編集したものです。

著者紹介

加藤 智見　1943年、愛知県尾西市（現一宮市）の真宗大谷派光専寺に生まれる。1966年、早稲田大学第一文学部卒業。1973年、早稲田大学大学院文学研究科哲学専攻博士課程修了。早稲田大学、東京大学講師、東京工芸大学教授などを経て、東京工芸大学名誉教授。光専寺住職。学道塾主宰。著書に『見つめ直す日本人の宗教心』（原書房）『親鸞の浄土を生きる』（大法輪閣）『図説　極楽浄土の世界を歩く！親鸞の教えと生涯』『図説　浄土真宗の教えがわかる！親鸞と教行信証』（小社刊）など多数。

図説《ずせつ》 ここが知《し》りたかった！
歎《たん》異《に》抄《しょう》

2024年11月5日　第1刷

著　　者　加《か》藤《とう》智《ち》見《けん》
発 行 者　小澤源太郎

責任編集　株式会社 プライム涌光
電話　編集部　03(3203)2850

発 行 所　株式会社 青春出版社
東京都新宿区若松町12番1号 〒162-0056
振替番号　00190-7-98602
電話　営業部　03(3207)1916

印　刷　共同印刷　　製　本　フォーネット社

万一、落丁、乱丁がありました節は、お取りかえします。
ISBN978-4-413-23380-4 C0015